SENS DE LA VIE ET PSEUDO-SCIENCES

Benoît R. SOREL

SENS DE LA VIE ET PSEUDO-SCIENCES

Éditions BoD

DU MÊME AUTEUR

La gestion des insectes en agriculture naturelle

L'élevage professionnel d'insectes : points stratégiques et méthode de conduite

L'agroécologie : cours théorique

L'agroécologie : cours technique

NAGESI. Nature, société et spiritualité

Les cinq pratiques du jardinage agroécologique

Réflexions politiques. Liberté – égalité – fraternité, autorité – responsabilité – clarté

Quand la nuit vient au jardin. Émotions déplaisantes et ephexis au jardin agroécologique

L'agroécologie c'est super cool ! Et autres arguments très sérieux en faveur de l'agroécologie

À la recherche de la morale française. Réflexions à partir de l'ouvrage de Jean-Marie Domenach Morale sans moralisme

Ainsi que des textes gratuits disponibles sur le site internet
http:\\jardindesfrenes.jimdo.com

SOMMAIRE

Avertissement 1
Introduction 3
   S'ouvrir à la vie 3
   Comment aborder les pseudo-sciences ? 8
   Motivation initiale 12
   Les étapes du chemin 14

Circonvolution des pseudo-sciences 17
   Tous les aspects des pseudo-sciences 18
   Aspects les plus importants 23
   Les origines morales d'une pseudo-science 24
   Épistémologie des pseudo-sciences 25
   Le chercheur du sens de la vie et les pseudo-sciences 26

L'appareillage en pseudo-sciences 31
   La présence de l'appareil en pseudo-sciences 31
   L'appareil attise et concrétise le désir d'explorer 38
   Le monopole scientifique de l'exploration
   et sa médiatisation 44
   Exploration et transcendance 51
   La fronde anti-scientifique 53
   Synthèse : faire confiance ou faire par soi-même 59

Physique quantique et libre-arbitre 63

Crop circles 75

Il y a « quelque chose » 77

Deux expériences insolites 81

L'activateur de compost de miss Bruce 89

La synchronistique 103

Et maintenant, la science ! 109
   Vous avez dit « sciences naturelles » ? 110
   Le leurre de Prométhée 116

Le cas Nicolas Fraisse **127**
    L'inévitable question 127
    Dépasser la docte ignorance tout en lui restant fidèle 129
    Analyse des résultats de la méthode noétique 131
    Mon interprétation 137

Entre science et quête de sens **155**
    Le principe du noma pour départager science
    et spiritualité 155
    Le faux sage 157
    Morale versus liberté 159
    Le pseudo-scientifique et le public profane 167
    Décrire et expliquer 173
    De la science à la philosophie au mythe à l'ésotérisme
    à la secte 175
    Psychologie du pseudo-scientifique 181
    Crédibilité 182
    Intrication et incrémentation 184
    Science dévoyée et ésotérisme 187
    Schéma de synthèse 192

Conclusion **193**
    Complément de définition des pseudo-sciences 193
    Revenir à la quête du sens de la vie 196
    Et ceux qui croient aux pseudo-sciences ? 200
    L'instrument intemporel 201

Annexes **207**
    Ésotérisme 207
    Les dérives sectaires 213
    Méditation et sortie hors du corps 218
    Site internet de l'institut ISSNOE 225

Bibliographie **231**

AVERTISSEMENT

Dans cet ouvrage, nous allons étudier des entreprises intellectuelles qui se revendiquent comme rationnelles, sérieuses, fondées, justifiées, étayées, prouvées, bref qui revendiquent le statut de sciences. Elles affirment prouver l'existence de phénomènes concrets, tout comme le font les sciences naturelles officiellement reconnues. Mais, pour certaines de ces entreprises, pas toutes, ces phénomènes sont utilisés dans un second temps comme preuves pour une cosmologie, une cosmogonie, une loi de l'univers, une explication totale de la vie, bref comme preuves d'une doctrine spirituelle ou ésotérique.

Que le lecteur note bien ceci : l'objectif n'est pas de critiquer ces doctrines spirituelles ou ésotériques. Il s'agit de réfléchir, de se poser des questions telles que

- Suis-je *en mesure* de savoir si cette entreprise intellectuelle, qui se présente comme une science, possède vraiment les caractéristiques d'une science ?
- Si je suis à la recherche du sens de la vie, est-ce une *preuve matérielle* qui me permettra d'affirmer « oui, je viens de trouver le sens de la vie » ?

Pour celles et ceux qui sont animés par la quête du sens de la vie, mes propos rationnels ne doivent pas les empêcher de capter le grand souffle de l'univers.

Que le lecteur note également : je veux proposer ici une définition aussi large et précise que possible des pseudo-sciences, sans pour autant recenser et présenter toutes les pseudo-sciences passées et présentes, avec leurs théories, leurs démonstrations et leurs cosmologies. Le présent ouvrage n'est pas un dictionnaire des pseudo-sciences.

INTRODUCTION

S'OUVRIR À LA VIE

La question du sens de la vie est lancinante. Y êtes-vous sensible ? Moi j'y suis tout à fait, et même plus. Cette question ne me lâche pas depuis mes dix-sept ans. Je n'ai rien demandé, elle m'est tombée dessus et je n'ai pas pu l'éviter ! J'ai d'abord très mal vécu cet écrasement presque littéral : cela m'a causé une crise d'angoisse existentielle aiguë, qui m'a contraint à passer la moitié de l'année de terminale à la maison. Avant la crise, tout était beau et agréable, j'étais comme dans un cocon douillet. Arrivé à Tahiti, le contraste inimaginable entre la beauté des paysages et le laisser-aller des humains me chamboula, me retourna comme une crêpe. Je ne savais plus où j'en étais, le beau et le laid se confondaient, et je n'arrivais pas à exprimer ce qui m'arrivait. Je n'arrivais même pas à comprendre ce qui m'arrivait. D'où absentéisme scolaire, maladie somatique, paniques, doutes psychiatriques... Progressivement la crise diminua d'intensité, mettant environ deux ans et demi avant de se résorber. Deux ans et demi avant que je retrouve un peu de confiance en moi. De confiance dans la substance de mon être, une substance bel et bien là quoi qu'il arrive. J'étais redevenu certain d'avoir une substance, un fond, mais la forme n'allait plus jamais être une certitude. Les effets seraient considérables pour le reste de ma vie.

C'était comme si une brèche s'était ouverte par laquelle le monde s'engouffrait tout entier en moi. Crise existentielle avec perte des repères anciens rassurants et ouverture totale sur le monde à venir. Et très peu de repères dans ce nouveau champ de vision. Je prenais donc l'habitude de questionner l'utilité, le sens, la logique, de chaque « nouvelle entrée » dans ma vie, par rapport à la question du sens de la vie ! Que ce soient les rencontres, les expériences, les découvertes, les voyages, etc., évènements insignifiants ou importants, à partir de ce moment-là je ramenais tout à la question du sens de la vie. J'essayais de tout organiser par rapport à cette question. Ce n'est qu'après ces deux années et demi que, petit à petit, grâce à des expériences et des lectures, je commençais à trouver des mots pour exprimer la perte de repère que j'avais vécue et cette submersion dans un monde nouveau. Je commençais à y voir « plus clair ». J'estime que je retrouvais ma complète clarté intellectuelle à environ vingt-quatre ans, quand j'admettais à moi-même, enfin, que j'avais était introduit à la question du sens de la vie et que cela avait provoqué en moi une crise existentielle. Avant la crise le monde m'était comme donné. Après, il faudrait que je me débrouille avec ses aspects négatifs et ses aspects positifs, et pour aller où, pour avancer vers quoi ? Voilà deux sous-questions du sens de la vie dont je ne me départirais plus.

Je suis plutôt quelqu'un de matérialiste. Dans ma jeunesse le « spirituel » ne m'attirait pas. Mais, jeune adulte après cette crise existentielle, je fus forcé de constater que la biologie m'avait doté d'un cerveau et d'un corps en bon fonctionnement, et que mon milieu de naissance m'avait offert le monde sur un plateau, si je puis dire. Tout m'était possible, si je le voulais, entre l'Europe et l'Asie. Mais voilà, c'est justement choisir quoi faire dans la vie qui était pour moi la plus difficile des décisions à prendre. Je reliais tout à la question du sens de la vie ; et n'ayant pas la réponse à cette question première, je me sentais dans l'impossibilité de pouvoir prendre aucune décision définitive pour toutes les autres questions. Jeune adulte, je n'avais donc aucune attirance forte pour un domaine en particulier, pour une profession en particulier. Je me sentais un peu comme un nageur en pleine mer, qui a sous lui une mer d'une profondeur insondable. Libre de nager dans la direction qu'il veut : le défi de la totale liberté.

Mais pourquoi ce défi ? Pourquoi moi et pas un autre ? Y a-t-il un sens à cela ? À vingt-quatre ans donc, reconnaissant mon état d'indécision permanente, je décidais volontairement de devenir confiant en moi-même. Du moins pour ce qui est de ma vie intellectuelle (idées, réflexions, thèmes d'étude). Pas encore pour le reste, car je sentais bien que je faisais ce que je pouvais, que déjà j'avançais un pas après l'autre, lentement mais sûrement. Je ne pouvais pas faire plus. Je ne voyais pas plus loin que le bout de mon nez à cette époque-là. Ce devait d'abord être l'intellect : ma décision de le prendre en main, de le nettoyer de toute zone d'ombre, de le raffiner et de l'étendre autant que possible et de le mettre à l'épreuve de la vie en société. Mais c'est tout. L'intellect me fascinait mais ça n'impliquait pas que je fasse un plan de carrière ! C'est ainsi : je ne préparais pas ma vie à l'avance (et aujourd'hui encore je suis comme cela). Je ne m'occupe que des problèmes – ou des envies – que j'ai juste devant les yeux.

Tout à mon contraire, j'avais rencontré à vingt-deux ans une femme très prévoyante, qui dès vingt-cinq ans planifiait toute sa carrière et sa retraite ! Vous vous en doutez, cette différence de conception de la vie allait nous mener plus tard à la séparation. Et six ans après cette séparation, j'ai compris que j'avais commis une erreur très naïve : l'erreur de relier l'amour à la grande question du sens de la vie ! En jeune homme romantique, je considérais l'amour comme une des réponses centrales à la question du sens de la vie. Le fait que la réciprocité de l'amour ne perdure pas, m'a convaincu que l'amour est anecdotique. Est facultatif. Mais assez sur ce sujet.

Je n'ai aujourd'hui qu'une seule certitude dans la vie : que chaque jour je peux construire un petit quelque chose de nouveau, à partir de ce que j'ai déjà. Chaque jour je peux faire en sorte qu'une petite construction nouvelle, une réflexion, une idée, une décision, vienne s'ajouter aux précédentes. Je m'efforce donc de ne jamais faire deux fois la même pensée. Cette attitude de construction quotidienne, brique après brique, me semble être la méthode optimale pour vivre ma vie dont je ne connais toujours pas le sens. Je fais en sorte d'avoir les capacités de construire chaque jour quelque chose de nouveau, que ce soit concret ou abstrait. Par mes efforts quelque chose se construit, et toutes ces constructions me servent d'« assurance sens de la vie ». Mes constructions et mes efforts me procurent en retour une solide confiance en moi, dans mes capacités et dans le bien-fondé de garder l'esprit ouvert et d'avoir de l'énergie. L'année de mes vingt-quatre ans, mon année de DEA, fût donc pour moi le début de mes constructions intellectuelles. Premières réflexions dans un petit cahier, réflexions simples, binaires, partielles et partiales, mais je les faisais, j'en ajoutais presque chaque jour, et cela me prouvait que j'en étais capable. Ces petits cahiers contiennent aujourd'hui mille-trois-cent pages de réflexions élémentaires.

Par la suite, je ne fus pas épargné par la peur de ne pas trouver de travail, peur inhérente et inévitable à l'état de jeune adulte. N'étant tout à fait passionné par rien – hormis à l'époque par les dialogues entre scientifiques et bouddhistes ! –, et n'étant pas une « tête » avec mes notes médiocres en biologie, je ne parvenais effectivement pas à trouver de travail. Une maîtrise d'écologie suivie d'un DEA d'histoire et de sociologie des sciences et des techniques, cela n'aide pas à convaincre un patron de vous embaucher ! Par contre ça vous met très bien au ban de la société, car vous ne parvenez pas à expliquer à quoi vos études peuvent servir. Difficile situation, car si à l'extérieur je ne valais encore rien, à l'intérieur de moi j'étais certain que mes réflexions avaient de la valeur. Par chance, je pus émigrer de l'autre côté du Rhin et j'y trouvais un petit boulot de vendeur de vélo !

La vie m'avait fait les dons de la liberté, de la santé, de la discipline personnelle, et maintenant d'un travail. Mais je sentais que je n'arrivais toujours pas à me « relier » à ce quelque chose qui conférerait un sens à ma vie, un sens personnel qui devait être aussi en phase avec le sens de la vie en général, le grand ordre du monde et de l'univers, je vous en prie ! J'étais l'apprenti sur le chemin du sens de la vie, et j'ai un jour imaginé cette phrase de l'apprenti : « Je ne sais pas ce que je cherche, je ne sais pas pourquoi je cherche, mais je sais que je suis sur la bonne voie »[1]. J'ai vécu selon cette phrase jusqu'à récemment.

Après les vélos je passais à un travail de technicien expérimentateur sur animaux, travail que je quittais une fois que j'eus trouvé assez de force en moi. Oui, le grand moment était enfin arrivé, à trente-et-un ans : je sentais que je n'étais pas fait pour travailler dans l'industrie ni du vélo ni de l'agrochimie, que je devais revenir au fondamental (l'agriculture) et que je devais être « mon propre chef ». À trente-et-un ans j'avais enfin trouvé des réponses concrètes à la question du sens de ma vie ! Des réponses qui ne me sont pas tombées du ciel, mais que j'ai construites, en menant un travail ininterrompu de réflexion sur le monde et sur moi-même depuis mes vingt-quatre ans, et en accumulant de l'expérience de vie. À trente-et-un ans, je planifiais pour la première fois mes années à venir. Et me voilà donc maintenant, jardinier-écrivain, le sens de ma vie se réalisant. Se construisant. S'étayant.

La question du sens de la vie m'occupe toujours, parfois en premier plan, toujours en arrière-plan. Mais je suis plus serein et plus joyeux quand je m'y attelle. Je ne suis plus dans le doute total comme lors de ma crise existentielle ou à mes

---

1 Ou bien je l'ai lue quelque part et j'en ai oublié l'auteur ! Ça arrive quand on lit beaucoup.

vingt-quatre ans, ou quand je vendais des vélos en supportant le regard réprobateur de ma compagne. Je suis devenu un « compagnon », dont la phrase pourrait être : « la voie est bonne, il faut gravir ». C'est la voie sur laquelle je suis en ce moment. En plus de mon activité de jardinier-écrivain, je continue toujours à construire régulièrement des petites choses, qui continuent à s'accumuler. Ce livre par exemple. Je verrai bien où ça me mènera ; aujourd'hui je ne le sais pas. Les idées m'arrivent uniquement devant les yeux, je ne les vois pas au loin. Mais j'ai confiance. Je rajoute une brique. En ce moment il me semble que je suis en train de faire fructifier un capital (ma vie passé à l'étranger, mon attrait pour la Nature et la science), et que cela peut servir de base pour la suite. Quelle suite ? Je l'ignore... Au printemps 2018 j'aurais écrit dix livres et créé ma petite entreprise agricole, tout cela sur la base de mon capital antérieur. En 2018 j'aurai donc augmenté mon capital de dix livres. Cela me servira à construire quelque chose d'autre. Mais quoi, mystère...

Cher lecteur, je devais vous raconter tout cela. Car le thème que je vais aborder dans ce livre est indissociable de cette question, de cette quête, du sens de la vie. Il sera ici question des pseudo-sciences, qui mêlent science et vérités secrètes de la vie.

COMMENT ABORDER LES PSEUDO-SCIENCES ?

Le sociologue va s'intéresser aux pseudo-sciences pour les retranscrire en d'habiles statistiques et pour les expliquer à l'aide de théories sociales. Il cherchera à produire une image tout à fait objective de ce pan de la société qu'il met sous sa loupe. Ou bien il utilisera les pseudo-sciences pour éprouver la pertinence de certaines théories sociales (dans ce cas il poursuit un objectif théorétique[2]).

Ici je n'aborderai pas les pseudo-sciences comme le sociologue. L'objectivité de la science sociologique implique l'éloignement, implique d'être observateur et non acteur, implique le recul et non le parti-pris. Ici je veux être plus « près » des pseudo-sciences que ne pourrait se le permettre un sociologue.

Le scientifique des sciences naturelles (physique, chimie, géologie, biologie, médecine...) s'intéresse aussi aux pseudo-sciences, non pour y prendre part bien sûr, mais au contraire pour les détruire. Pour les dénoncer comme fantaisies, mensonges, usurpations de la science, charlataneries et attrape-nigauds. Il veut mettre en lumière *l'usurpation scientifique* : démontrer l'absence de méthode, l'absence de logique, l'absence de rigueur, l'absence de théorétique, l'absence de confrontation des idées avec les pairs[3]. Il veut démontrer qu'appareils et instruments ne fonctionnent pas ou ne peuvent pas produire les résultats que le pseudo-scientifique leur prête, et donc que l'entreprise qui se présente comme une science n'en est pas une. Le scientifique défend le *matérialisme scientifique*, le matérialisme étant une philosophie indispensable à la science. Plus précisément le matérialisme est nécessaire et suffisant pour faire de la science ; affirmer pouvoir s'en passer, c'est de facto quitter le domaine de la science.

Dans ce livre, c'est en partie sous cet angle que j'aborderai les pseudo-sciences[4]. Car dans ce livre je veux porter un

---

2 La théorétique est une réflexion sur les façons dont s'élaborent les théories. Ce sont les théories de la théorisation, pour ainsi dire.
3 Les pairs sont ici les scientifiques de même rang. Par exemple les pairs d'Einstein étaient les physiciens reconnus de son époque.
4 Peut-être avez-vous ouvert ce livre avec l'espoir de « bouffer du gourou » et des usurpateurs de la science comme certains aimaient bouffer du curé en 1905 : par envie de rationalité. Mon objectif dans ce livre n'est pas de débusquer les usurpa-

regard logique sur les pseudo-sciences, plus précisément *logique vis-à-vis de la question du sens de la vie*. La logique, quel que soit le domaine où on l'emploie, impose de mettre en lumière les erreurs dans les façons de penser. La logique ne peut donc que révéler les absences d'explication, les contradictions, les répétitions et les tautologies, les extrapolations injustifiées. Il est nuisible pour la quête du sens de la vie de s'encombrer de théories qui n'ont qu'une apparence de rigueur scientifique. De théories dont l'apparence de scientificité ne sert qu'à attirer les crédules et les ignorants. Il est bon, quand on chemine sur ce grand chemin de la quête du sens de la vie, d'identifier ce qui est scientifique et ce qui ne l'est pas : voilà ce que je pense. Mais notez bien ceci : le chercheur du sens de la vie ne refuse pas de prendre en considération *certains aspects* des pseudo-sciences. Pourquoi le chercheur du sens de la vie va-t-il être curieux des pseudo-sciences ? Pourquoi va-t-il parfois se laisser porter par l'une d'entre elles, pour quelques instants ? Alors que le scientifique matérialiste rejettera tout des pseudo-sciences. C'est un des enjeux de ce livre que d'expliquer comment la quête de sens inclut, sans s'y restreindre, le matérialisme scientifique.

Disons, dans cette introduction, que la quête de sens est un chemin de matière. Le marcheur marche sur la matière. Mais le chemin n'est pas que matière !

Aborder les pseudo-sciences ni en sociologue ni en scientifique matérialiste mais en chercheur de sens : voilà notre projet ! Mais existe-t-il une méthode propre à cet angle d'approche, comme le sociologue et le scientifique disposent de leur propre méthode ? Non, en tant que chercheur de sens je

---

teurs de la science, les faux-scientifiques, à tout prix. Si cela vous intéresse en tout premier lieu, alors il faut vous tourner vers l'Union Rationaliste ou vers l'Association Française pour l'Information Scientifique (et sa revue de veille et de déconstruction des pseudo-sciences).

n'ai pas de méthode. Pas vraiment. D'une part parce qu'une méthode implique une rationalité, et le problème du sens de la vie ne peut pas être résolu par la seule rationalité (il faut impliquer les émotions et les expériences subjectives et corporelles). D'autre part parce que le problème du sens de la vie prend tellement de formes et de fonds différents qu'une méthode unique ne conviendrait pas. Posée ainsi, la question de la méthode révèle son inadéquation pour notre projet. En sciences sociales ou naturelles, il est possible de faire la différence entre l'objet d'étude, la méthode pour analyser cet objet, et la théorie pour l'expliquer. Mais étudier les pseudo-sciences en tant que chercheur du sens de la vie, c'est faire de cette étude une étape même du chemin ! À la différence des sciences, on ne peut pas sortir du chemin, pour prendre du recul et pour observer. Donc ici ma méthode sera de bric et de broc. Elle sera tout ensemble logique, matérialisme, curiosité, docte ignorance, transcendance, imagination, focalisation sur le détail, vue d'ensemble, le tout enveloppé de doutes, de certitudes, de craintes, de désirs, bref d'émotions. Pour le dire plus académiquement, l'étude des pseudo-sciences vis-à-vis de la question du sens de la vie est disciplinaire, multidisciplinaire, interdisciplinaire, objective et subjective ! Attention à la capillo-traction, comme dirait un ami[5] !

Je crois que la quête du sens de la vie possède une certaine logique. Cette logique se crée au fur et à mesure qu'on avance sur le chemin. Elle est bordée de phrases telles que celles de l'apprenti et du compagnon. Chacun peut voir une certaine logique dans sa propre vie ; un enchaînement des évènements qui ne tient pas du hasard. On peut voir une sorte de fil ininterrompu. Ce fil est tout à fait individuel : je ne vous livre donc ici que *mon* étude des pseudo-sciences, que j'ai faite sur *mon* chemin.

---

5 Et une pincée d'humour vient parfaire l'édifice !

MOTIVATION INITIALE

À l'origine, je souhaitais faire une conférence publique à Saint-Lô (50) sur le thème des pseudo-sciences. Le choix de cette petite ville ne tient pas du hasard : il y existe une association ésotérique renommée, qui invita un scientifique à parler des récentes découvertes en physique quantique et des « douze lois quantiques de l'univers ». Un scientifique ... employé par aucune université, sans laboratoire, sans étudiant à former, sans programme de recherche, sans cours. L'association invita aussi une autre conférencière pour parler des « mémoires cellulaires », mémoire « vibratoires » des cellules. Mais sans lien aucun avec la biologie cellulaire... Une autre association de Saint-Lô proposa une animation de découverte de la méditation avec le créateur du « Programme quantique pour l'activation de la Paix mondiale ». Des termes scientifiques, ou qui semblent scientifiques, évoqués hors de tout contexte scientifique, dans des espaces publics, à destination du grand public : je me sentis alors investi du devoir de faire connaître ces « sciences » sous un autre jour.

Ma conférence se serait intitulée « Démystifier les mystères des pseudo-sciences ». Toutefois, cela aurait été ma première conférence publique et je ne me sentais pas assez solide pour la construire et la mener seul. J'avais donc, en début d'année 2017, contacté deux associations pour solliciter avis et conseils : l'association française pour l'information scientifique (l'AFIS évoquée plus haut) et l'Union Rationaliste. J'avais les années passées écrit deux textes utiles pour aborder le sujet. Je les leur ai envoyés, comme gage de mon intérêt sincère et de mes capacités, en leur demandant s'ils seraient intéressés de m'épauler. Je ne reçus jamais de réponse...[6] N'étant

---

6 Pareillement, j'avais contacté l'université inter-âges de Normandie pour faire une conférence sur l'agroécologie. Je n'eus jamais de réponse. Je l'écris à nouveau : associations, ne donnez pas une adresse e-mail, ou une adresse physique, si vous

jamais mieux servi que par soi-même, je me lance donc en juillet 2017 dans la rédaction du présent livre, à défaut de pouvoir faire une conférence. Et je profite du format livresque plus ample pour inclure la démarche matérialiste dans la démarche plus large de la quête du sens de la vie.

Dans le présent livre, il s'agira donc en partie de faire la chasse aux vrais charlatans qui existent dans le monde des pseudo-sciences, en même temps que de mettre en lumière les questions et les curiosités sincères et fondées amenées parfois directement parfois indirectement par les pseudo-scientifiques. Pour vous, pour moi, pour beaucoup de monde, la quête du sens de la vie est un besoin. Et comme tout besoin, en ces temps modernes de capitalisme, qui dit besoin dit achat dit argent à se faire dit bedeau à berner, hélas. La quête du sens de la vie attire les commerçants et les éditeurs sans scrupules, les menteurs et les manipulateurs, qui vont se présenter comme des « aides » aux pèlerins. C'est ainsi ! Je vous invite à ouvrir un numéro de la revue Biocontact, distribuée dans les magasins bio : vous y verrez de nombreuses annonces promettant force, santé et sérénité, le tout sans faire aucun effort. La

---

n'êtes pas en mesure de répondre aux sollicitations ! Ou si vous êtes en sous-effectif de bénévoles. Sinon ayez la franchise, comme Michel Onfray, d'indiquer qu'il ne sera donné aucune réponse au courrier et aux sollicitations. Ne donnez pas de faux espoirs. Indiquez clairement quels sont les interlocuteurs que vous désirez avoir. Merci.

Mais plutôt que de chercher à contacter des experts ou des auteurs en vue, qui ne répondent pas, il vous sera plus précieux, et agréable, cher lecteur, de trouver une personne proche avec qui vous pourrez partager vos réflexions. Quelqu'un qui, comme vous, aime cheminer et réfléchira propos du sens de la vie. Dans votre entourage il y en a certainement une ou deux. Ou plus ! Voilà qui est très précieux. À défaut, il faudrait trouver un « maître » et initier une relation maître-disciple. Pour ce qui est du sens de la vie, je suppose que les maîtres en la matière sont rares et bien cachés ! Se rallier à une religion pourrait faciliter la rencontre avec un maître de sagesse.

Vérité de la vie (Pourquoi la vie ? Comment la santé ?) vous sera livrée sur un plateau...

En tant que chercheur du sens de la vie, je crois qu'une grande vérité existe, et qu'on peut trouver une partie de cette grande vérité aux frontières de la science et de la sensibilité humaine. Je devais donc inévitablement, tôt ou tard, rencontrer frontalement les pseudo-sciences, et les spiritualités et les ésotérismes qu'elles soutiennent. Une partie du chemin était déjà accomplie : il s'agissait d'arriver jusqu'à cette rencontre directe. À partir de maintenant je dépasse la frontière de la science. Place à la confrontation avec les pseudo-sciences et ce qu'elles m'inspirent : intuitions, préjugés, jugements de valeur, l'inconnu, le mystérieux, le fantastique. Curiosité, ouverture d'esprit, scepticisme, analyse : mon avancée sera celle d'un équilibriste entre la raison et la foi, entre le connu et l'inconnu.

LES ÉTAPES DU CHEMIN

Dans un premier temps, je vous propose de faire un exercice périlleux : tenter de délimiter toutes les pseudo-sciences, d'en cerner tous les tenants, tous les aboutissants, tous les aspects, toutes les implications ! Dans un second temps, sur plusieurs chapitres, je vous proposerai plusieurs études de cas de pseudo-sciences dont une pseudo-science du monde agricole. Dans un troisième temps, je vous proposerai de réfléchir à ce qu'est la science. Cela aidera à séparer science et pseudo-science et me permettra d'expliciter ma position vis-à-vis de la science. Dans un quatrième temps, nous étudierons le cas Nicolas Fraisse, un medium qui affirme pouvoir « sortir hors de son corps » à volonté. Dans un cinquième temps, je vous proposerai une grande synthèse en précisant les démarcations les plus importantes entre les pseudo-sciences, la science et la quête de sens. Puis je conclurai.

La question du sens de la vie sera présente à chaque étude de cas. Je vais essayer de juger les pseudo-sciences à l'aune de cette seule question mais, la raison m'y obligeant, je ferai d'abord une analyse matérialiste de chaque cas. Parfois mes jugements à l'encontre d'une pseudo-science seront sévères, et pourront laisser penser que je ne suis qu'un vulgaire matérialiste. Mais j'essaierai de dépasser mes jugements pour renouer avec la question du sens de la vie ; je m'astreindrai à montrer ce que le chercheur du sens de la vie peut apprendre de sa rencontre avec la pseudo-science en question, que celle-ci soit une arnaque, ou un embryon de science sur la voie de la reconnaissance officielle, ou une doctrine ésotérique déguisée.

CIRCONVOLUTION DES PSEUDO-SCIENCES

Les pseudo-sciences sont pour moi un « champ d'étude » très intéressant, car il y converge énormément d'idées, de connaissances objectives, de connaissances subjectives, de techniques, de motivations, de personnes d'horizons variés, de théories originales. C'est l'auberge espagnole, dirait l'académie (l' « establishment » scientifique, les pontes, qui enseignent dans les universités et écrivent dans les revues spécialisées) – *les* auberges pour être exact. Quand j'ai fait mon mémoire de DEA d'histoire et de sociologie des sciences sur le thème des rencontres entre scientifiques et bouddhistes, je ne suis pas parvenu à convaincre mon jury de deux choses : que ces rencontres débouchent sur des programmes expérimentaux en neurosciences qui sont dignes d'intérêt pour la communauté scientifique. Et que ma méthode pour étudier ces rencontres, basée sur la comparaison des structures de pensée, est valide dans le champ de l'histoire et de la sociologie des sciences. Un professeur du jury a clos rapidement la discussion en affirmant qu'étudier scientifiquement les effets de la prière est un non-sens : la science – objective – ne saurait étudier de phénomènes subjectifs, dont le rapport se fait à la première personne du singulier. Méditation n'est pas prière, aurai-je dû lui répondre, mais bon...[7] Le jury considéra que ces programmes expérimentaux relevaient de la pseudo-science et que je ne prenais pas assez de recul pour étudier ces programmes. J'ai quand même eu droit à mon diplôme, avec la note minimale.

Cela pour dire que les frontières de la science m'ont intéressées autant que la science elle-même (les lois de la nature,

---

7 Mon mémoire de DEA est disponible sur mon site internet.

les méthodes scientifiques, l'état d'esprit international de la science). Pourquoi ? Parce que ses frontières permettent de mieux comprendre ce qu'est la science et parce que, dans la quête du sens de la vie, la confrontation avec les limites humaines « fait sens » si je puis dire. Si la science ne s'intéressait qu'à des sujets qui à priori sont scientifiquement valides, la science ne progresserait pas. Elle doit s'intéresser à ce qu'elle n'est pas en mesure d'évaluer du premier abord. *Elle doit connaître ses frontières et les repousser.* C'est ma modeste opinion : je me suis longtemps représenté la recherche scientifique comme la réunion de l'objectivité, de la subjectivité et de l'inconnu. Une sorte d'aventure. Mais cette représentation ne convient pas à l'académie ; pour elle la bonne science se doit de ne pas être, justement, une aventure humaine. Elle doit être libre de toute émotion. Elle doit considérer exclusivement ce qui relève de la matière, et c'est ainsi qu'on enseigne les sciences – mais j'arrête là sur ces considérations ; plus de détails dans le chapitre consacré à la science.

TOUS LES ASPECTS DES PSEUDO-SCIENCES

Alors, voici tout ce que l'on peut trouver dans les pseudo-sciences :

- des contenus confirmés de disciplines scientifiques confirmées ;
- des liens *vers* ces contenus ;
- des extrapolations de ces contenus ;
- des méthodes et des instruments ayant servi à établir ces résultats scientifiquement confirmés ;
- des limites reconnues du savoir scientifique ;
- des inconnues scientifiques, c'est-à-dire des questions que les scientifiques se posent à propos de théories ou de phénomènes, mais pour lesquelles ils ne disposent pas encore

de réponse (à moyen terme la survenue d'une réponse étant vraisemblable) ;
- des « fait-problèmes », c'est-à-dire des observations que l'on ne sait pas expliquer et qui contredisent la logique communément admise. Un exemple de fait-problème en science est celui-ci : si l'eau se dilate quand elle est chauffée, ce qui est confirmé et admis par tous, comment expliquer qu'une eau avec une température de départ de 0 à 4 °C va d'abord se contracter quand on la chauffe ?[8] Bien sûr, une logique mal maîtrisée conduit à l'observation de fait-problèmes qui n'existent pas, le meilleur exemple en étant les illusions d'optique : on voit, paradoxalement, des choses qui n'existent pas ! Certaines pseudo-sciences reposent sur de vrais fait-problèmes, mais expliqués, interprétés et utilisés de façon fantaisiste. D'autres pseudo-sciences reposent sur de faux fait-problèmes, qui vont permettre de justifier toutes sortes de théories et de thérapies. Quand arnaque il y a, elle se joue soit sur l'interprétation du fait-problème, soit sur le fait-problème lui-même. Parfois ce fait-problème n'existe même pas : il y a mensonge. Je vous invite à garder en tête, tout au long de l'ouvrage, cette importante notion de fait-problème ;
- des erreurs scientifiques, confirmées comme telles ou en passe de l'être ;
- de l'ésotérisme : des connaissances « peu évidentes » relatives à la nature subtile, cachée, profonde, essentielle... de la réalité ;
- de l'occultisme : des connaissances scientifiquement improuvables (médiumnité, pouvoirs « psy », clairvoyance...) ;

---

[8] D'après VERGEZ et HUISMAN, *Court traité de philosophie, Logique*, Fernand Nathan, 1959.

- des mystères légitimes, sans aucun sous-entendu mystérieux : la simple curiosité humaine pour ce qui ne se laisse pas facilement observer et expliquer ;
- les limites des capacités humaines : limites du domaine du sensible, hypersensibilité, intelligence individuelle et collective, performances extrêmes physiques et intellectuelles, imagination ;
- la pseudo-science proprement dite : une ou des pseudo-théories, qui vont de pair avec une ou des pseudo-techniques, des pseudo-laboratoires, mais de vraies personnes, de vrais éditeurs, de vrais livres, de vraies conférences, stages, séminaires ;
- des applications concrètes des pseudo-sciences, qui fonctionnent vraiment, ou qui sont sans effet, ou avec un seul effet placebo ou qui ne fonctionnent pas voire qui sont néfastes, qui sont connues du grand public ou qui ne sont connues que de cercles restreints ;
- des mythes : à propos d'individus aux capacités remarquables, dans les temps passés ou dans le présent, à propos de sociétés entières ou à propos des forces et éléments de la Nature ;
- des philosophies, explicatives du réel immédiat ou « subtil », académiques ou marginales, des philosophies holistiques, sur certains points très précises mais valables aussi pour la vie quotidienne, ainsi que de la philosophie des sciences ;
- ce qui nous est « caché » : ce qui existe mais qui ne nous est pas évident, dont nous pouvons démontrer l'existence après un effort d'imagination et d'expérimentation ;
- ce qui est hors d'atteinte à notre condition d'être humain ;
- ce qui relève de la pure imagination et qui n'a aucune existence concrète ;

- les différentes « figures » du scientifique : talentueux, curieux, sage, qui ose, matérialiste, philosophe, introverti, asocial, conformiste, tête en l'air, rigolo ;
- des charlatans, avec leur attitude et leur « bagou », ainsi que leurs tours de passe-passe pour détourner l'attention, qui en veulent à notre argent ;
- des gourous, qui veulent notre soumission mentale et émotionnelle ;
- du sophisme dans les ripostes des charlatans pris la main dans le sac : Jean-Marie Domenach explique que les charlatans répondent à leurs contradicteurs en revendiquant la difficulté d'accéder à la réalité et de la restituer, pour détourner l'attention de la réalité[9].
- des religions, des spiritualités, des croyances, des communautés. Des moines, des frères, des sœurs, des maîtres de sagesse, des disciples, des ermites. Des lieux « spéciaux », ainsi que des dates « spéciales » ;
- des interdépendances, des liens, des *intrications* (enchevêtrements complexes) : chaque pseudo-science semble reliée à toutes les autres, à des éléments de science confirmée, à des éléments du bon sens quotidien ;
- des *incrémentations* : une supposition devient un fait, le fait invite à une nouvelle supposition, qui devient fait à son tour, qui invite à une nouvelle supposition, et ainsi de suite. Ce sont des extrapolations de proche en proche, petit pas par petit pas, et non des extrapolations grossières ;
- l'invocation du doute légitime ;
- les prescriptions morales. « Je vous montre que tel ou tel phénomène naturel existe, parce que telle loi de la Nature existe, et vous devez vivre en accord avec cette loi. »
- le recours incessant au « il est possible que » ;

---

9 Jean-Marie DOMENACH, *Morale sans moralisme*, Flammarion, 1992

- des énergies / forces / puissances de toute sorte (vitales, subtiles, lumineuses, ondulantes, pulsatiles, vibratoires, rayonnantes, restreintes, libérées, harmonieuses, brisées, chaotiques, focalisées, omniprésentes, naissantes, mourantes, chaudes, froides, colorées, ternes, claires, sombres, bonnes ou mauvaises) ;
- et, j'allais oublier, du formidable, de l'extraordinaire, de l'incroyable, de l'impensable qui se réalise pourtant, du miracle même – en même temps que la réalité « ordinaire » se pare d'une nouvelle interprétation, d'un nouveau sens, jusque dans les détails les plus anodins.

Voilà pour la tentative périlleuse de cerner tous les aspects des pseudo-sciences. Une chose que je ne puis cerner, toutefois, est la répartition des pseudo-sciences sur le globe. Sont-elles réparties partout comme l'est la science ? Sont-elles inféodées aux pays industrialisés ou sont-elles aussi présentes dans les pays technologiquement peu développés ? Je l'ignore.

Vous voyez que les points d'entrée, les contenus, les applications et les implications des pseudo-sciences sont nombreux. Les pseudo-sciences ont de nombreux aspects, et cela constitue déjà un barrage pour l'académie : une pseudo-science c'est l'auberge espagnole. Il y a tellement d'aspects que tout est dans tout, et quand tout se vaut rien ne vaut. Il manque la spécificité, la spécialisation, la circonscription de la discipline : ainsi se définit une science véritable. Une pseudo-science prétend expliquer le monde ; une vraie science ne prétend qu'à expliquer certains phénomènes parcellaires ! Mais pour les personnes qui sont convaincues de la véracité d'une pseudo-science, cette multitude d'aspects, ce holisme, est au contraire la preuve qu'elle tient la route, qu'elle est étayée de maintes façons, qu'elle est sérieuse. Et pour les personnes qui se posent la question du sens de la vie et qui découvrent une pseudo-science, ce holisme représente ...

beaucoup de questions en perspective. Car le chercheur du sens de la vie ne jure que par son propre esprit critique. Il va devoir juger et soupeser par lui-même tous ces aspects ! Sans utiliser totalement la perspective du scientifique ou du sociologue et en se mettant en partie dans la peau des personnes convaincues par la pseudo-science[10].

ASPECTS LES PLUS IMPORTANTS

Tous les aspects recensés ci-dessus ont leur importance, néanmoins on peut en identifier trois principaux :

- la *personne* (le pseudo-scientifique conférencier, le promoteur, le groupe qui invente et diffuse la pseudo-science) ;
- la *théorie* (une « loi » qui permet de décrire et d'expliquer les phénomènes considérés) ;
- et la *pratique* (des appareils de mesure ou des techniques à appliquer pour modifier de telle ou telle façon la réalité).

Une pseudo-science est « forte » quand ces trois aspects sont étoffés et rigoureux, elle est « faible » quand elle pêche par un de ces aspects. Quand ils identifient une pseudo-science, les matérialistes scientifiques entreprennent de déconstruire méthodiquement ces trois aspects. Ils procèdent par réduction : « cette théorie n'est qu'une interprétation gratuite » ou « ce que vous nommez réalité n'est qu'une sensation » ; par réfutation : « cette théorie est bourrée d'erreurs, cet appareil ne fonctionne pas » ; par moralisation « cette per-

---

[10] Vous l'aurez compris, le chercheur du sens de la vie est une sorte de perfectionniste. Et sa recherche d'explications totales, pour tout, est une tendance qu'il doit apprendre à gérer. Le chercheur du sens de la vie veut tout savoir, mais il ne peut pas tout savoir, mais il doit savoir l'essentiel, le plus important, ce qui structure le monde. Mais il ne se satisfait pas de savoirs qui semble définitifs. Le chercheur du sens de la vie voyage à travers les connaissances, en cherchant toujours *les axes de force et les cadres de pensées*. Il passe d'une perspective à l'autre, il fait le tour des perspectives. La vie du chercheur de sens n'est pas de tout repos !

sonne ment, affabule, manipule, occulte certains faits ». Ensuite des critiques plus fines, concernant les autres aspects, viennent étayer ces critiques centrales. On trouvera des exemples précis de déconstruction des pseudo-sciences entre autre dans la revue de l'AFIS et dans les imposants ouvrages de défense du matérialisme scientifique de Jean Dubessy et Guillaume Lecointre.

LES ORIGINES MORALES D'UNE PSEUDO-SCIENCE

C'est un truisme que les pseudo-sciences existent, certaines ne menant nulle part, certaines, sectaires, étant dangereuses, et certaines pointant avec honnêteté dans des directions à explorer. Certaines encore sont d'honnêtes erreurs, de la part de personnes sincères mais enthousiastes et communicatives. C'est cet aspect que j'appelle « l'origine morale » de la pseudo-science. Une pseudo-science peut naître

- À partir de la bonne volonté d'un profane (une personne non formée à la science), mais qui commet des erreurs sincères, de bonne foi, sans mauvaise intention (ce que j'appelle origine morale de type 1) ;
- À partir d'erreur de scientifiques (cas de la fusion froide) et promues par ces mêmes scientifiques qui persistent avec leurs théories et leurs instruments pourtant prouvés erronés (ces scientifiques peuvent avoir été par le passé reconnus par leurs pairs) (type 2) ;
- À partir de scientifiques qui ont quitté la recherche « officielle » (« mainstream ») pour se consacrer à des sujets délicats (notamment parce que impliquant de la subjectivité ou des techniques controversées) (type 3) ;
- À partir de personnes mal intentionnées, charlatans qui vendent leurs livres et leurs conférences, ou, plus grave,

manipulateurs qui cherchent à prendre le contrôle mental des personnes faibles (type 4).

Des origines morales diverses donc, plus ou moins nobles. Tout comme la science conventionnelle !

ÉPISTÉMOLOGIE DES PSEUDO-SCIENCES

Larousse, *épistémologie* : Partie de la philosophie qui étudie l'histoire, les méthodes et les principes de la science.

La perspective épistémologique n'est donc pas celle du scientifique ni celle du sociologue ; étant une branche de la philosophie elle implique l'usage de la raison, de la rationalité, pour prendre la science comme objet d'étude. L'épistémologie est le regard que porte le philosophe sur la science. Il s'agit de parvenir à voir les diverses origines de l'activité scientifique et la diversité et l'unité des méthodes intellectuelles utilisées en science. Cela sans juger la science, sans la dénigrer ni l'encenser : le regard épistémologique se veut objectif, neutre. Le sociologue aura sur la science un autre regard : il cherchera à observer et comprendre l'organisation des rapports humains à l'intérieur de la communauté scientifique, dans les disciplines et entre les disciplines, et entre la communauté scientifique et les autres communautés de la société (entrepreneurs, politiciens, administrations, associations humanistes...)

Peut-on utiliser la perspective épistémologique pour étudier les pseudo-sciences ? L'épistémologie des pseudo-sciences prendrait comme objet d'étude chacun des aspects recensés précédemment, en chercherait le pourquoi et le comment. Elle comparerait les pseudo-sciences entre elles, aspect par aspect. Elle ferait émerger l'histoire, les méthodes et les principes de chaque pseudo-science, cela sans les juger.

LE CHERCHEUR DU SENS DE LA VIE ET LES PSEUDO-SCIENCES

Tout prendre en considération

Ma perspective de chercheur du sens de la vie n'est pas non plus épistémologique. Elle est un peu, ou en partie, épistémologique. Elle est holiste : je dois prendre en considération le maximum d'éléments. Je dois faire un travail d'équilibriste, un travail d'observateur aux multiples lunettes, un travail d'analyste aux multiples grilles de lecture, pour écouter, pour lire, pour comprendre les motivations des pseudo-scientifiques, pour comprendre les motivations des personnes qui sont convaincues par une pseudo-science, pour comprendre les motivations des personnes qui au contraire n'y accordent aucun crédit et enfin pour comprendre les motivations des personnes qui luttent contre les pseudo-sciences. Mon travail est tout ensemble de la défense matérialiste de la science, de l'épistémologie, de la sociologie, et plus que cela.

Solitude

C'est un travail qui prend du temps. Ce n'est pas un travail ponctuel, c'est un cheminement, et un cheminement solitaire. Enfin, c'est mon opinion, car je suis un solitaire. Une personne plus sociale que moi, toujours sous l'angle de la question du sens de la vie, aurait certainement une autre image des pseudo-sciences. À ma solitude concrète s'ajoute une solitude intellectuelle. Car la décision d'aborder les pseudo-sciences sous l'angle de la question du sens de la vie me sépare nécessairement des perspectives plus familières : je ne peux pas échanger d'idées ni avec des philosophes, ni avec des sociologues ni avec des défenseurs matérialistes de la science ni avec des épistémologues. Ni avec des religieux. Je ne peux pas non plus échanger avec les personnes adeptes d'une pseudo-science. Les personnes convaincues d'une pseudo-science se retrouvent entre elles, échangent et discutent à ce propos, portent moult louanges et témoignages d'efficacité et de bien-fondé. Mais il m'est impossible de faire cela. Certains membres de ma famille sont convaincus du bien-fondé de telle ou telle pseudoscience. Mais je ne parviens pas à adhérer sans retenue à leur enthousiasme. Cela m'attriste moi-même, mais je n'y peux rien. C'est ma « ligne » intérieure, je ne peux pas en dévier. Je suis peut-être un éternel solitaire, un éternel sceptique, un éternel équilibriste ! Je dois tout juger par moi-même ; le chercheur de sens veut être le seul juge de sa vie ! « Chacun sa vie, chacun son chemin » comme dit la chanson.

Parfois, je me dis qu'un jour il faudra bien choisir, il faudra bien faire le « saut de la foi » (le fameux « leap of faith » anglophone), c'est-à-dire adhérer à une pseudo-science pour la connaître véritablement de l'intérieur. Ou bien il me faudra au contraire adopter une perspective reconnue : soit endosser celle de l'épistémologue ou celle du sociologue ou celle du matérialiste défenseur de la science. On ne peut pas passer sa vie à douter de tout, n'est-ce pas ? Il faut choisir son camp, n'est-ce pas ? Ou bien l'issue de la vie (croire ou rester dans le doute) ne se pose peut-être pas en ces termes... Peut-être un jour vivrai-je une expérience qui me libérera de la nécessité de tout questionner ?

Rejoindre un groupe : c'est pour moi une difficulté. Pour moi cela ne pourrait être que passager, le temps d'y prendre ce qui m'intéresse et d'y apporter ce que je peux. Mais si je trouvais un groupe de personnes partageant mon état d'esprit de chercheur de sens, je pense que je pourrais y adhérer plus longtemps.

Une ligne plutôt qu'une méthode

Étudier les pseudo-sciences avec un esprit critique, puis s'appliquer cet esprit critique à soi-même : le chercheur de sens bouge deux fois. Parfois j'irai vers une image objective d'une pseudo-science, parfois vers une image subjective. Puis je subjectiverai la première et j'objectiverai la seconde. Étudier les pseudo-sciences en tant que chercheur de sens, c'est partir à l'aventure. C'est prendre conscience de ce qui me saute au visage, c'est essayer d'organiser tout ça, et essayer d'y ajuster mon comportement intérieur.

Mes réflexions sur d'autres thèmes m'ont appris que je dois toujours être sincère avec moi-même. Alors, à ce point du livre, plutôt qu'une méthode bien précise, je peux définir une ligne. En regardant les pseudo-sciences, je vais chercher à toujours identifier et distinguer les unes des autres *la sincérité du questionnement, la sincérité de l'émotion, l'erreur, le mensonge, le doute légitime, la manipulation mentale, l'égarement.*

Vous me direz que je ne suis pas objectif, car je ne vais jamais adhérer totalement à une pseudo-science, comme je l'ai écrit plus haut. L'objectivité serait de reconnaître certaines pseudo-sciences comme fondées et d'autre comme infondées : « untel est un charlatan, untel autre mérite plus d'attention ». Ce qui implique de connaître chaque pseudo-science de l'intérieur, pour juger en connaissance de cause. Une démarche objective serait aussi de reconnaître, dans chaque pseudo-science, ce qui est scientifiquement fondé et ce qui ne l'est pas, ce qui est question légitime et question erronée, résultat tangible et résultat non confirmé, véritable esprit de découverte et charlatanerie. Oui, ce serait, l'une et l'autre, des démarches d'objectivité, mais j'en suis incapable. Pour la simple raison qu'aujourd'hui je ne suis plus un scientifique. Seul un scientifique, acteur reconnu de sa science, peut faire un tel jugement et dire : ceci est une usurpation de la science, cela est de la vraie science. J'ai conscience que mon évaluation des pseudo-sciences du point de vue du matérialisme scientifique n'est pas optimale. Je fus un scientifique par le passé, dans un seul domaine, celui de l'écotoxicologie. Aujourd'hui par mon activité de jardinier agroécologiste, je suis immergé dans la science écologique, que je pense comprendre assez bien. Mais je n'en suis pas un acteur, un concepteur : je ne fais que l'utiliser. Par mon activité d'écrivain je revendique certaines capacités de travail intellectuel, de logique, c'est tout. À l'aune de ces capacités je revendique ma *ligne* pour analyser les pseudo-sciences. Je me situe donc hors du champ académique, donc hors de l'objectivité : face à un jury de professeurs d'université, de sociologues, de scientifiques matérialistes des sciences de la nature ou d'épistémologue, ma position serait très vite démontée. On me dirait qu'être chercheur de sens, ce n'est pas rationnel, ce n'est pas méthodique. Je sais tout cela, et je l'assume.

Sortir du cadre

Mais cela n'est pas bien grave, car je ne recherche plus l'approbation de l'académie ! Formé comme scientifique, j'ai longtemps cru indispensable pour vivre, pour mériter un salaire, de toujours m'astreindre à l'objectivité maximale, donc d'être un matérialiste rationnel et terre-à-terre. Dans un programme de recherche scientifique, les faits sont comparés aux théories, aux hypothèses et aux autres faits. Mais maintenant je suis en dehors de ce cadre de pensée. Je ne suis plus dans aucun cadre de pensée ! Penser par soi-même, c'est endosser la responsabilité du choix des points de repères, que nous utilisons pour juger de la qualité de nos pensées. Moi, maintenant, je revendique une certaine objectivité mais en *assumant* une part de subjectivité. La quête du sens de la vie est une aventure, et une aventure se déroule avec les émotions, avec les incertitudes, avec une visibilité quasi-nulle (sur ce chemin, je ne vois jamais plus loin que le bout de mes pieds), sans planification. Dans une aventure, l'aventurier fait sans cesse se confronter les faits, les théories avec *l'envie* d'explorer, d'avancer, la curiosité, la spontanéité, l'intuition (prendre une décision sans raison évidente). Faire cette étude sur les pseudo-sciences, c'est pour moi avancer sur le chemin de la quête de sens, sur le chemin de ma Vérité. Je ne sais pas où cela va me mener ! J'étudie les pseudo-sciences parce qu'il me semble que je suis en mesure de le faire et parce que cette possibilité est devant moi. C'est plutôt une opportunité, et je ne peux que la saisir. Si je ne la saisissais pas, je ne serai plus moi-même. Tant pis si mon étude ne fait plaisir à personne, soit à cause de ma méthode, soit à cause de mes résultats.

Ce qui compte, c'est que cette étude me fasse avancer. Et je souhaite qu'elle puisse aussi vous être utile pour avancer sur votre chemin à vous.

L'APPAREILLAGE EN PSEUDO-SCIENCES

Un vecteur du désir d'exploration[11]

Le succès populaire des pseudo-sciences, par exemple la géobiologie, la radiesthésie, la médecine quantique, peut-il s'expliquer par l'hypothèse suivante : qu'elles redonnent au grand public le désir d'explorer la Nature, exploration dont le monopole est aujourd'hui réservé aux institutions de la recherche scientifique ? C'est l'hypothèse que nous allons développer ici.

LA PRÉSENCE DE L'APPAREIL EN PSEUDO-SCIENCES

Pourquoi dans les pseudo-sciences trouve-t-on généralement un appareil, un outil, un instrument, dont la fonction est de démontrer l'existence du phénomène paranormal en question ? Considérons l'exemple de la radiesthésie, qui est une pseudo-science appliquée de la théorie des « ondes d'énergie ». Ces ondes peuvent, selon les radiesthésistes, être mises en évidence par la photographie Kyrlian, et même interprétées en termes de bilan de santé par les caméras dites GDV.

Les phénomènes paranormaux sont à la base de toute pseudo-science, et l'appellation même de pseudo-science est due au fait qu'en usant des théories et des instruments scientifiquement admis, l'existence du phénomène en question ne peut pas être confirmée. Ainsi les ondes d'énergie n'ont jamais été observées dans aucun laboratoire. On en déduit que les instruments utilisés en pseudo-sciences, très vraisemblablement, ne

---

11 Texte écrit en 2014, publié dans NAGESI en 2015 et revu en 2017.

produisent pas de résultat fiable (en termes de marge d'erreur et de sensibilité), ou qu'ils fonctionnent bien mais que l'interprétation des mesures est insensée, erronée ou hors contexte.

C'est une stratégie de la part des promoteurs des pseudo-sciences que de se présenter comme rationnels. Ils affichent pour preuve de leur rationalité que l'activité de leur appareil n'est pas aléatoire. Dans certaines conditions il s'active, il mesure, il enregistre. Et dans d'autres conditions il ne le fait pas. Activation et non activation sont prévues par la théorie pseudo-scientifique. Bref, « les faits parlent d'eux-mêmes », la théorie est donc bonne. Ce rationalisme affiché attire un certain public qui n'est pas habitué à la rigueur intellectuelle et à la démarche scientifique.

Il ne s'agit pas ici de faire des reproches à ce genre de public. La science est un domaine compliqué et diversifié, et il existe une grande variété de théories et de philosophies pour dire ce qu'est la science. Les philosophes des sciences reconnaissent explicitement la difficulté à présenter simplement ce qu'est la « démarche » scientifique. Pour ceux qui ne pratiquent pas la science, il est donc légitime que la notion de science soit entourée d'un certain flou. Le grand public n'est pas en mesure de voir que ces appareils produisent des résultats qui ne valent rien, parce qu'il ignore que ces appareils n'ont pas été conçus et testés selon les critères les plus rigoureux. Ce que dit le pseudo-scientifique quant à l'activation de l'appareil prévue par la théorie n'est pas une garantie que l'appareil produit des résultats valides qui prouvent la théorie. En science, de nombreuses questions entourent toujours un appareil : quelle fiabilité, quel étalonnage, quelle marge d'erreur, quelle production d'artefact, quelle sensibilité et quelle insensibilité, quelle plage de sensibilité, quelle résolution, quelles conditions d'utilisation, quels protocoles d'entretien et de réglage... ? Toutes questions que le pseudo-scientifique prend soin de ne pas voir émerger dans la tête de son public.

Cependant, le rationalisme affiché par les tenants des pseudo-sciences attire tout de même, parfois, de par ses ramifications[12], des scientifiques aguerris[13]. Dans ce texte, je veux vous présenter une thèse complémentaire à celle de l'attraction aux pseudo-sciences par l'affichage de rationalité. Je soutiendrai la thèse que l'instrument pseudo-scientifique agit comme un « vecteur émotionnel » d'un certain type d'enthousiasme : l'enthousiasme à explorer la Nature et ses mystères. L'instrument pseudo-scientifique est une promesse faite à tout le monde : la promesse que tout le monde peut devenir un explorateur de la nature (de la nature qui nous environne et/ou, selon la pseudo-science, de la nature de notre corps).

Il y a un an de cela, j'ai cherché sur internet un sourcier. Près de ma maison remontait une veine d'eau qui amenait une humidité considérable dans les murs, mais je ne parvenais pas à la localiser. Si un sourcier sait trouver les veines d'eau à d'importantes profondeurs (on cite des découvertes jusqu'à -60 mètres), il ne pourrait manquer de trouver le « chemin de l'eau » à proximité de ma maison. Inquiet du prix possible pour une telle prestation, j'ai réalisé par mes soins des baguettes de sourcier avec du fil de cuivre plié en équerre, et inséré dans des manchons en plastique pour tenir ces « baguettes ». J'ai marché en les tenant selon les indications trouvées sur internet, et ... rien de significatif ne se produisait (les baguettes bougeaient tout le temps, dans toutes les directions). Était-ce de ma faute ? Sur internet on peut lire que

---

12 Cf. Henri BRUGÈRES, *Ondes et croyances paranormales*, SPS n° 285, avril-juin 2009

13 Ainsi Luc Montagnier, codécouvreur du SIDA, reprend les thèses jusqu'à aujourd'hui non démontrées de Benveniste sur la mémoire de l'eau. Pourquoi des scientifiques deviennent-ils convaincus par une pseudo-science ? C'est parce que dans une pseudo-science il n'y a pas que des enjeux matérialistes.

« n'est pas sourcier qui veut » : on peut échouer à trouver l'eau à cause d'une incompatibilité émotionnelle avec le matériau des baguettes (ou avec les pendules), ou bien à cause de son propre corps qui ne serait pas conducteur des forces telluriques ou pas assez réceptif à ces forces... Refusant d'autoculpabiliser par rapport à ces ragots d'internet (qui est le terme approprié parce qu'ils sont incohérents, incomplets et que leurs auteurs sont inconnus) j'ai décidé de faire plusieurs mini-forages avec une tarière, et je suis parvenu après une dizaine d'essais à trouver la veine d'eau. Problème résolu, et porte-monnaie préservé !

Mais une recherche sur internet amène toujours des moissons imprévues. J'ai découvert, de lien en lien, l'existence d'une caméra dite GDV, qui permet de repérer et d'évaluer le « biochamp » de l'être humain. Cette caméra, décrite, expliquée et vendue sur gdvonline.fr (2014) est le point de départ de mon questionnement.

Option	BioWell	GDV Compact	GDV Camera PRO
Distribution d'énergie au sein de l'organisme	✓ (oui)	✓	✓
Mesure de l'influence du stress sur les organes	partiel	✓	✓
Évaluation de l'équilibre sympathique (SNA)	✗ (non)	✓	✓
Évaluation du profil psycho-émotionnel	✗	✓	✓
Optimisation des performances sportives	✗	✓	✓
Mesure de la structure moléculaire de l'eau	✗	✗	✓
Évaluation de l'état de santé par mesure du sang	✗	✗	✓

Option	BioWell	GDV Compact	GDV Camera PRO
Évaluation du stress post-traumatique	✗	✗	✓
Mesure de dilution homéopathique	✗	✗	✓
Domaine d'utilisation	Personnel	Professionnel et coach sportif	Chercheurs, professionnels de la santé et coach sportif

**Possibilités de mesure des appareils GDV.
Source gdvonline.fr (2014)**

Comme on peut le lire sur le site spécialisé (dont est extrait le tableau), il existe plusieurs versions de cette caméra fonctionnant sur le principe de Visualisation de Décharge Gazeuse (acronyme anglais GDV). Une version de cette caméra (la GDV Biowell) nécessite seulement la présentation d'un doigt pour que la caméra, associée à un logiciel, établisse un bilan de santé « énergétique ». Cette simplicité d'utilisation rappelle celle de l'instrument fétiche de la scientologie, l'électromètre : à partir d'un acte très simple (le contact avec l'appareil), des données profondes et raffinées sur l'état de santé sont censées être délivrées. Pour les « professionnels », des caméras plus perfectionnées sont disponibles à l'achat, accompagnées de manuels et de formations. Elles permettent de réaliser des mesures plus précises et de délivrer un bilan global de santé. La simplicité d'utilisation de ces caméras tranche avec la grande portée du diagnostic qu'elles sont censées pouvoir délivrer.

Comparons l'utilisation de ces caméras à l'utilisation d'instruments dans les disciplines scientifiques reconnues. À moins d'avoir une formation adéquate, aucune personne n'est en mesure d'utiliser le moindre appareil ou instrument de laboratoire. Prenons par exemple une micro-pipette, un petit instrument tout à fait banal et présent dans chaque laboratoire de biologie : qui peut savoir comment la manipuler, l'actionner, l'entretenir, la calibrer, et encore moins pourquoi l'utiliser, si ce n'est un technicien ou un chercheur ? Cet instrument scientifique pourtant banal, qui n'a qu'une seule fonction, est totalement inutilisable et inexploitable sans formation scientifique. Et plus un instrument a de fonctions et/ou fournit de données différentes, plus la formation nécessaire pour l'utiliser est longue et compliquée. Par exemple un scanner à résonance magnétique IRM, un chromatographe HPLC ou une même une analyse sanguine standard qui comprend en fait de nombreux tests, requièrent une formation générale complétée d'une spécialisation. La caméra BioWell est très simple d'utilisation, et fournit une seule donnée : l' « équilibre énergétique » du patient. Un instrument, une donnée : cela semble logique – si on ne se demande pas ce que peut signifier l'équilibre énergétique. Qu'en est-il des caméras plus « perfectionnées », les Compact et PRO ? Similaires à un scanner à déplacer au-dessus du patient allongé, elles sont censées délivrer de nombreuses catégories de données. Le fabricant recommande une formation pour leur utilisation. Cela en fait-il des instruments fiables pour autant ? Des instruments qui prouvent la validité de la théorie (la théorie étant que la bonne santé résulte d'un équilibre énergétique du corps). Un instrument scientifique se caractérise par le fait que son fonctionnement repose sur une ou plusieurs théories bien identifiées, qui rendent possible le processus même de mesure, et ce dans un intervalle bien défini. C'est le spectre utilisable, la limite d'usage, l'intervalle de lecture. Ainsi un télescope optique pourra focaliser sur des objets situés à un certain éloignement en lumière optique, quand un télescope à infrarouge servira à voir uniquement des corps célestes qui émettent des infrarouges. En astronomie tous les télescopes ne sont pas identiques : pour chaque type d'observation que le scientifique veut réaliser, il faut un type particulier de télescope. Pour les caméras en question, l'intervalle de lecture semble particulièrement large : l'analyse des seules ondes énergétiques permettrait de tirer des conclusions sur la santé du sujet, qui vont de sa chimie (structure de l'eau) à sa performance sportive ! De telles analyses requièrent normalement, en science, une dizaine d'instruments médicaux différents. Mais la théorie des ondes d'énergie regrouperait à elle seule toutes les théories scientifiques incorporées dans ces instruments médicaux ? Et donc il suffirait d'un seul appareil, qui incorpore la théorie des ondes d'énergie, pour faire en une seule fois toutes ces analyses ? Mon opinion est que cela n'est pas vraisemblable. Il serait plus vraisemblable que cette théorie des ondes d'énergie, si elle devait exister, n'explique qu'un seul indicateur de santé. Ou bien cette théorie serait si révolutionnaire qu'elle aurait autant d'importance que, par exemple, la théorie de la régulation thermique du corps humain à circa 37 °C. Certes, un thermomètre est très simple à utiliser et permet de tirer certaines conclusions sur l'état de santé global du patient. Mais cela seul le médecin, avec ses connaissances, son expérience et secondé d'un laboratoire d'analyses, peut le faire. En bref, l'appareil pseudo-scientifique éveille ma méfiance de par sa simplicité d'usage qui contraste trop avec la diversité des analyses qu'il est en mesure de réaliser. Sa complexité d'utilisation qui requerrait une formation n'est pas pour autant un gage de la solidité théorique de l'appareil. Les astrologues par exemple suivent des formations ; cela ne rend pas leurs théories de prévision du futur plus rationnelles pour autant. Par contre, la formation participe à rendre la charlatanerie plus crédible.

En plus, si les ondes d'énergie du corps existaient vraiment, elles pourraient n'être qu'une conséquence triviale et unidirectionnelle de l'activité biologique du corps. Quand vous faites du sport votre corps produit plus de chaleur qu'au repos. Mais ce n'est pas en chauffant artificiellement le corps que vous aurez des performances sportives plus élevées. La cause et l'effet ne sont pas réversibles.

L'APPAREIL ATTISE ET CONCRÉTISE LE DÉSIR D'EXPLORER

Nous allons passer maintenant des précédentes considérations plutôt techniques à des considérations plus émotionnelles : nous passons au plan des émotions, qui est le plan dans lequel se situe notre thèse de l'instrument comme promesse d'exploration pour tout le monde.

La personne qui utilise un instrument pseudo-scientifique, seule ou accompagnée d'une autre personne servant de « guide » ou d' « interprète », peut en quelques gestes simples faire produire des résultats de mesure à l'instrument (diagramme, sons, oscillation d'aiguilles). Ignorant des démarches scientifiques, cette personne suppose que la production de résultats est un gage de rationalité. Elle pense se hisser ainsi au niveau d'un scientifique, elle pense avoir la même légitimité qu'un scientifique. Rappelons-nous que le phénomène en question qu'est censé mesurer l'appareil n'est pas certifié d'exister par la science conventionnelle. Donc la personne acquiert de plus le sentiment, guidée par ses lectures sur le sujet ou par l'interprète accompagnateur, d'être « en avance » sur la science, d'être en avance sur les scientifiques qui paraissent alors « rester campés dans un horizon dépassé »[14].

---

14 Nous ne voulons pas dire que les scientifiques des disciplines bien établies abhorrent d'être dépassés. Ils peuvent être dépassés, par exemple les médecins qui prescrivent à tort des opérations chirurgicales des articulations alors que des programmes d'étirement et d'assouplissement des muscles et des tendons soulageraient tout autant lesdites articulations. Mais évidemment cela ne doit pas leur faire bien plaisir.

Récapitulons le processus :

1. Une personne curieuse découvre par voie de presse, médias, internet... une pseudo-science et les théories et les appareils qui vont avec.
2. Elle va pouvoir acheter de nombreux livres sur le sujet pour en poursuivre la découverte.
3. Puis pour en savoir plus elle rencontre un « professionnel » dont c'est le métier de pratiquer cette pseudo-science. Celui-ci lui montre « preuves » à l'appui que l'appareil a un fonctionnement logique, et justifie ainsi la théorie centrale à la pseudo-science en question.
4. Puis le professionnel argumente sur le fixisme de la science officielle qui refuse de reconnaître la validité de l'appareil et de la théorie, et la personne acquiert le sentiment d'être en avance sur la science officielle.

Cette dernière étape est-elle mise en avant volontairement par les promoteurs des pseudo-sciences ? Elle est plus compliquée que la troisième, et donc je pense que ça n'en fait pas un argument marketing de premier rang. Par contre, c'est un argument qui sera certainement invoqué de façon explicite lorsque la « clientèle » montre un certain niveau d'érudition ou bien aura déjà utilisé plusieurs fois l'instrument en question mais n'est pas encore totalement convaincue. Cet argument sert ainsi à consolider l'adhésion à la pseudo-science.

Mais pourquoi quelqu'un voudrait-il être en avance sur les meilleurs des meilleurs scientifiques ? Je n'ai aucune formation en psychologie, mais je vais tout de même tenter une réponse. Je suppose qu'à partir de la quatrième étape, la personne se sent comme un explorateur (ou tout au moins elle se sent membre d'une communauté d'explorateurs) d'un domaine encore largement inexploré et plein de promesses de découvertes. Cela lui procure une grande satisfaction intérieure : elle assouvit enfin son désir d'explorer la Nature et de lever le voile sur certains mystères. Cet assouvissement peut tout à fait se passer de mots, être implicite, et c'est ce qui fait sa force de conviction (ou de conversion pourrait-on dire). En général la personne *pensera* comprendre enfin certaines correspondances, coïncidences ou similitudes, ou bien un certain hasard semblera enfin expliqué. « Ah oui, je n'avais jamais considéré cela sous cet angle. Maintenant je comprends mieux ». Un sentiment en soi positif et inoffensif, banal même. La personne pense accéder à une connaissance ésotérique, accéder au sanctum sanctarum (le saint des saints) ou tout du moins la *vraie* science derrière − et devant − la science officielle. C'est un piège subtil, car ce sentiment, ressentir être parvenu à un niveau supérieur et plus précis de compréhension, n'est pas en soi mauvais. Un scientifique qui fait une découverte importante vivra le même sentiment !

Vous voyez maintenant le cœur de mon hypothèse : est-il juste que ce sentiment de parvenir à une meilleure compréhension de la nature soit réservé aux seuls scientifiques ? N'est-ce pas comme si le sentiment exaltant de la créativité devait être réservé aux seuls artistes ? Bien sûr qu'il est injuste que seuls les scientifiques puissent vivre ce sentiment, *mais...* La promesse de l'instrument pseudo-scientifique est *en partie* justifiée. Faut-il dire au peuple que seuls les scientifiques ont le droit d'explorer la nature ? C'est ce que souhaitent les scientifiques matérialistes : ils voudraient être les seuls à pouvoir mesurer la nature et à émettre un avis sur son fonctionnement. La rationalité, la raison, la logique justifie à priori ce droit social exclusif. Mais une telle compartimentation de la société ne serait-il pas déshumanisant ?

Le guide ou l'interprète pseudoscientifique justifiera cette avance par rapport à la science conventionnelle avec l'argument que la science ne peut pas expliquer tout du monde qui nous entoure. Pourquoi ? À cause du fixisme idéologique des grands scientifiques, des institutions scientifiques, et à cause du complexe scientifico-commercial-financier qui influence les législateurs... Scientifiques et législateurs vont main dans la main, c'est bien connu... d'où des lois injustes qui interdisent la reconnaissance des pseudo-sciences par la sécurité sociale ou par les universités... Après la pseudo-théorie à caractère matériel et technique, cette argumentation à caractère social constitue la seconde tromperie des pseudo-sciences. Bien-sûr que certains phénomènes sont encore mal compris par les scientifiques, et leur importance sous-estimée[15]. C'est la marche normale de la science. Toutes les théories émises mais pas encore confirmées constituent un immense *champ des possibles.* Les tiroirs des laboratoires sont remplis de théories à tester : ce n'est là rien que de très normal encore une fois. Si les scientifiques laissent de côté pour un temps une certaine théorie, un certain domaine, c'est qu'ils n'ont pas les moyens théoriques ou techniques de l'explorer plus avant.

Pour la médecine, d'autres facteurs que les connaissances et les techniques entrent en jeu. Si le personnel soignant pseudo-scientifique qui utilise la caméra GDV est plus sympathique, plus souriant, plus à notre écoute, que le médecin conventionnel, que l'on semble ennuyer avec nos problèmes, alors la balance penche bien sûr en faveur de la pseudo-médecine. Personne ne veut être soigné par un médecin dont on ressent qu'il est pressé, qu'il doit faire vite et qu'il nous réduit à un tableau de résultats d'analyses biochimiques.

---

15 C'est une erreur répandue dans le grand public que de penser que la communauté scientifique a réponse à tout, et donc que si elle ne soutient pas certaines théories, c'est pour défendre les intérêts économiques de certains laboratoires. C'est la théorie du complot scientiste. Le pire est que l'on ne peut pas exclure tout à fait un tel complot, car l'existence des brevets est un système de lois qui restreint l'usage de certaines connaissances pour le seul profit de ceux qui les possèdent.

Dans l'article cité, Henri Brugères identifie dans le discours des pseudo-sciences l'existence de vérités accolées à des tromperies : il est alors difficile de faire la part du vrai et du faux. Le pseudo-scientifique exploite la méconnaissance du public envers la démarche scientifique pour interpréter à *sa façon* certaines limites de la science. Et sans informer le public de l'existence d'éventuelles d'explications alternatives.

Revenons au désir d'explorer. Je crois que c'est *un trait fondamental de notre nature humaine*. La société moderne se caractérise, entre autre, par un consensus social sur le fait que l'exploration de la Nature et de ses lois est dévolue à la communauté des scientifiques. Tout personne qui prétend découvrir des lois naturelles sans être un scientifique transgresse les « lois » de notre culture occidentale. C'est ainsi. Auparavant, quand la majorité des individus pensait que le monde était la création d'un démiurge, la fonction d'exploration était dévolue aux religieux : moines et prêtres avaient accès aux portes du royaume sacré, et en échange d'une confession, d'un don ou d'une conversion, ils autorisaient le peuple à jeter un coup d'œil dans le monde qui s'étend au-delà. Ceux qui voulaient jeter un coup d'œil à leur manière, sans passer par le clergé, étaient taxés d'hérésie. On les torturait. Au siècle des Lumières, lorsque la raison eut suffisamment progressé au point de circonscrire le religieux dans la seule sphère privée, on a parlé de désenchantement du monde. *Le secret espoir de démocratiser l'exploration de l'au-delà s'est éteint, car les philosophes démontraient que cet au-delà n'existe pas. Et le monde qui nous entoure, concret et bien vivant, devenait le seul monde qu'il y ait à explorer.* Difficile dilemme que de choisir entre un prêtre qui dit qu'un au-delà existe mais qu'on ne peut y accéder que par l'ascèse personnelle, les miracles, la transformation radicale de soi et bien sûr par la soumission aux rites et textes religieux, et un philosophe qui dit que rien n'existe que le monde matériel dans lequel nous nous trouvons déjà. Qu'il n'y a pas d'au-delà. Pas d'âme, pas d'énergie vitale subtile, pas d'esprit de la nature...

Que pense le chercheur de sens de tout cela ? Le chercheur de sens pense en aventurier : ce qui semble quasiment impossible à connaître est plus attirant pour lui que ce qui est connaissable en usant de méthodes et d'efforts mesurés. Bref la vision philosophique matérialiste du monde est trop « sage ». Trop ennuyeuse. Certes on peut dire que le monde se limite à ce que l'on peut voir, toucher, sentir, mesurer, peser. Et cela fait déjà beaucoup de choses et beaucoup de causalités indiscutables. Mais pourquoi exclure l'existence de forces cachées ? Plus précisément de consciences cachées ? La matière n'empêche pas Dieu. Ou les esprits de la nature, ou l'essence sublime de la vie. La théorie de l'énergie vitale est à garder dans un coin de sa tête. Il faut la mettre à l'épreuve, la tester. Faire évoluer les principes de sa mise en application et le matériel correspondant. Si les promoteurs de cette pseudo-science sont d'honnêtes gens, alors ils feront évoluer leur discipline. Ainsi évolua la diététique hygiéniste. Apparue au XIXe siècle, elle consistait dans un premier temps en un ensemble de techniques disparates (hydrothérapie, magnétisme, jeûne, naturisme, etc.). Dans la première moitié du XXe siècle Herbert M. Shelton la remua de fond en comble et la fonda sur la physiologie de la digestion[16]. De nos jours, c'est certes une diététique méconnue, mais ce n'est plus une pseudo-science.

---

16 Herbert M. SHELTON, *Les combinaisons alimentaires et votre santé*, Le courrier du livre, 1968

LE MONOPOLE SCIENTIFIQUE DE L'EXPLORATION ET SA MÉDIATISATION

Progressivement, au fil des siècles, le besoin de rigueur pour explorer de façon efficace et satisfaisante la Nature et ses mystères alla croissant. L'exploration moderne de la nature prend racine dans l'alchimie et dans l'astrologie. On déconsidère aujourd'hui facilement ces disciplines, mais leur apparition marquait un tournant historique. Avec elles, on allait chercher des réponses sur le pourquoi des événements naturels agissant sur le quotidien (pluies, sécheresses, rudesse des hivers...), sur sa destinée personnelle ou celle de la société non plus auprès de divinités ou d'un dieu unique, mais dans le monde matériel. Et ce, non pas comme le faisaient les peuples plus primitifs en attribuant à des éléments naturels immédiats le contrôle de leur vie (le soleil, la lune, la terre, l'eau, le feu et toutes les divinités qui les représentent), mais en cherchant des causes plus éloignées : les constellations d'étoiles et le feu au centre de la terre[17]. L'être humain était gouverné non plus seulement par ces forces évidentes que sont le soleil, la lune, etc. mais aussi par des forces plus subtiles, forces dont l'influence véritable demeurait mystérieuse et, à ce titre, certainement plus grande qu'on pouvait l'imaginer.

Ces disciplines amenaient donc en un seul point la matière, l'individu, la destinée de la société et celle du monde. Progressivement cette réunion apparût de plus en plus subjective, de moins en moins indispensable. Aux XVIIe et XVIIIe siècles, tout un chacun pouvait se dire scientifique à partir du moment où une observation originale d'un phénomène naturel avait été réalisée. C'était plus facile et plus certain que l'alchimie. L'auteur de chaque observation avait toute légitimité pour étendre à l'ensemble du monde le déroulement du processus

---

17 D'après Daniel BOORSTIN, *Les découvreurs*, Robert Laffont, 1997

observé. On usait et on abusait de la généralisation. Cette époque a donc produit une myriade de théories. Aujourd'hui on appelle cette méthode préscientifique la *déduction*. On en connaît les limites : c'est une erreur que de généraliser à outrance. Par exemple voir un puis deux puis trois cygnes blancs ne permet de faire la généralisation « tous les cygnes sont blancs ». Et on connaît l'erreur de pensée qui sous-tend cela : ne pas différencier la description de l'explication. Décrire n'est pas expliquer. Le scientifique se reconnaît à la quantité d'efforts qu'il fournit pour différencier les descriptions des explications.

La science moderne émerge avec les premiers préceptes d'une autre méthode que la déduction : formuler une hypothèse, la tester, vérifier que le phénomène n'est pas un cas particulier donc pouvoir le reproduire. C'est l'*induction*. Et, bien-sûr, le développement des mathématiques fournit à la science une logique formelle de plus en plus fiable et étendue. Puis viennent les principes de falsifiabilité et la théorie de la systématicité : la méthode scientifique s'étoffe considérablement au XXe siècle[18].

À partir de ce moment-là, c'est devenu un consensus à l'échelle mondiale que l'étude et l'exploration des mystères naturels reviennent à la seule communauté scientifique : c'est-à-dire un ensemble de gens formés au maniement de la logique et des instruments perfectionnés, afin de *pouvoir exercer envers la Nature une curiosité productive de connaissances et de techniques*. Ce n'est que dans la communauté scientifique que le désir individuel d'exploration peut pleinement s'exprimer et qu'il pourra acquérir une reconnaissance sociale. L'alchimiste, puis le savant solitaire de la renaissance, qui excelle dans des domaines aussi variés que l'art, la

---

[18] D'après le cours *Theories and Methods of Research*, Prof. Dr. Hoyningen-Huene, Universität Hannover.

mécanique, la littérature, l'architecture... (par exemple Léonard de Vinci) deviennent des figures du passé. *La science n'est plus l'affaire des génies, mais d'une communauté.* Et nous voyons bien aujourd'hui comment la science défend (à juste titre, par exemple contre les attaques du mouvement créationniste) son privilège d'exploration de la Nature. En plus de la défense de ses découvertes, l'affaire Sokal montre aussi toute l'étendue des enjeux liés à la défense de la cohérence de la méthode scientifique[19].

Si on veut explorer la Nature, découvrir ses éléments et ses lois, c'est qu'on ne sait pas encore tout d'elle : en ligne de mire de l'exploration se trouve toujours un certain mystère. Le privilège d'explorer accordé aux scientifiques laisse donc un vide dans la vie émotive des individus qui ne sont pas des scientifiques, c'est-à-dire la majorité de la société. Car pour toutes ces personnes-là, le mystère de l'au-delà promis dans les textes sacrés n'existe plus, ayant été déconstruit par les philosophes. Et elles n'ont pas le droit d'explorer elles-mêmes la Nature. *Leur vie, leur imagination légitime, se déroule entre ces deux frontières, entre un au-delà qui n'existe pas et une Nature dont l'accès est gardé par les scientifiques.* Sur la frontière gardée par la science est érigé un panneau où l'on peut lire « À partir de cette limite il est interdit de découvrir sans autorisation préalable délivrée par l'institution scientifique » ! Passez votre chemin, il n'y a rien à voir. Dans notre société française où nombreux sont les penseurs qui détestent

---

19 Alain Sokal, sociologue, avait écrit pour une revue de sociologie un article truffé de termes issus des sciences naturelles mais utilisés hors contexte et donc inadaptés à soutenir une démonstration de sociologie. La revue accepta le texte et le publia. Peu de temps après Alain Sokal déclara publiquement sa manœuvre, et il s'ensuivit de lourds débats sur le mésusage des termes des sciences naturelles (ou sciences dures) en vue de conférer plus de prestige et de sérieux à des thèses douteuses des sciences « molles ». En tout cas, il a prouvé que l'utilisation de termes d'apparence scientifique confère de la respectabilité, quand bien même le public n'arrive pas à juger de leur pertinence et de leur exactitude !

l'élitisme et qui croient que tout le monde a les compétences pour devenir médecin ou ingénieur, il est difficile de faire admettre l'exclusivité de la science. Mais c'est un fait incontestable : il existe bien une communauté de personnes intellectuellement supérieures, les scientifiques, et cette communauté a les moyens (par les messages, subtils, répétés à l'attention du grand public par voies de presse ou par les ondes, et par le système éducatif bien-sûr) d'orienter et de restreindre les velléités de tout individu n'appartenant pas à la communauté à faire sa propre expérience d'exploration des mystères de la Nature. *Les scientifiques sont les gardiens du sanctuaire de la vérité.* Un individu isolé, non scientifique, qui veut proposer une hypothèse sur le fonctionnement du monde, sera inévitablement, automatiquement, rabroué par la communauté scientifique. Et cela dans le meilleur des cas : car en général la communauté scientifique ne prendra même pas en considération ses affirmations.

Le désir d'explorer afin de découvrir un mystère, quel qu'il soit, est toujours dans le cœur de la majorité des individus, mais les scientifiques et les philosophes (pas tous, mais surtout les rationalistes, les matérialistes, les utilitaristes et les positivistes) se dressent face à ce désir et l'empêchent d'être assouvi. Bien sûr, il y a du bon sens dans cette démarcation : il convient de ne pas revenir aux myriades de théories fumeuses des XVIIe et XVIIIe siècles : avec la puissance énergétique actuellement disponible, cela mènerait à des désastres. Et bien sûr, une pseudo-médecine qui n'est pas une bonne médecine est une médecine nuisible, qui met la vie des gens en danger. Ce qui ne signifie pas que la science actuelle et que la médecine actuelle ne soient pas dangereuses... Je suis convaincu que certaines pseudo-sciences sont proches de la vérité, et que certaines sciences s'en éloignent.

Il n'empêche que l'émotion négative de celui qui se voit interdire la quête de la vérité s'il n'est pas scientifique ni philosophe est bien réelle : sentiment d'exclusion, rancœur, frustration, dépit, dégoût, démotivation... Le quidam qui veut explorer se voit interdire ses théories et ses dispositifs techniques qu'il aura pu construire, mais aussi les valeurs associées au port de la blouse blanche : goût de l'effort pour apprendre, bâtir sur ce qui existe déjà, objectivité, rechercher la vérité, savoir observer, être créatif, se soumettre à la logique et aux mathématiques, honnêteté. Aucune de ces capacités humaines ne lui sera reconnue s'il n'a pas été formé convenablement de l'école à l'université et n'est devenu docteur ou ingénieur à tout le moins.

Revenons à mon hypothèse : que l'appareillage pseudoscientifique permet à tout un chacun de renouer avec l'exploration. Hypothèse qui peut reposer sur le postulat suivant : que *sans l'existence d'un mystère à explorer, un être humain ne saurait vivre de façon civilisée*. Je m'explique. Le mystère, par les efforts dont il faut faire preuve pour essayer de s'en approcher, force la motivation positive, l'orientation, l'ordre, le travail, la persévérance, la patience, la créativité. Imaginons un instant que la logique formelle (dont les mathématiques par exemple) ne puisse pas être explorée au-delà d'un certain point. Qu'au-delà d'un certain point il n'y ait plus rien à imaginer, plus rien de nouveau à découvrir. Les mathématiciens auraient-ils encore envie de faire des mathématiques ? Une telle finitude des mathématiques, donc des sciences naturelles, ruinerait la santé mentale des scientifiques – ils refuseraient d'accepter cette finitude, cette absence de mystère. C'est le désir d'explorer afin de dévoiler des mystères qui a poussé les Hommes à cartographier les mers, à gravir les montagnes, à descendre dans les abysses, à se propulser dans l'espace. Pas de mystère : pas de science.

J'ouvre une parenthèse. Le mystère est aussi indispensable pour la formation des sociétés. C'est en se rapprochant d'un mystère supérieur (la divinité ou la mère-nature) que quelques individus estiment acquérir des connaissances ultimes (c'est-à-dire étant situées au-delà des frontières du connu), pour pouvoir réguler la vie des autres individus. D'où la naissance d'une organisation sociale (avec à sa tête la personne qui sait aller dans le mystère et en revenir, ou toute autre personne qui est initiée par la première, les rois de droit divin par exemple). Aujourd'hui, même si nous ne sommes plus en théocratie ou en royauté, on n'abandonne pas pour autant le mystère comme élément fondateur et organisateur notre société : on a juste déplacé le mystère d'un au-delà vers l'intérieur de l'Homme. Aujourd'hui, et c'est un lieu commun, on suppose qu'il y a en chaque individu un potentiel, et que ce potentiel mérite *l'épanouissement*. Car à quoi servirait cette notion d'épanouissement personnel, qui est indissociable de notre société présente, si dès la naissance les capacités d'un individu étaient fixées ? Notre société humaniste présuppose l'existence d'un mystère intérieur, dans chaque personne. Si nos capacités étaient fixées, elles ne pourraient rien produire de surprenant. Il n'y aurait pas d'artistes par exemple, car l'indicible, l'invisible, le mystère fait toujours partie d'une œuvre d'art. Certains ont placé Dieu dans l'individu (ils l'ont déplacé du ciel vers le corps), d'autres pensent qu'il existe un inconscient freudien ou jungien en chacun de nous, d'autres encore conçoivent dans l'être humain un noyau de potentiel, basé dans notre biologie (l'héritage des gènes, mais aussi, à chaque fécondation, la recombinaison inédite des gènes et les mutations, qui font que l'enfant n'est jamais identique à ses géniteurs). Mon opinion est que, trop souvent, sous couvert de rationalité, on évacue le mystère. Évacuer le mystère, être totalement rationnel, délimiter nos savoirs et nos pouvoirs, c'est rassurant. Laisser une porte ouverte sur le mystère, ce n'est pas rassurant. C'est risqué. Mais la rationalité et le mystère peuvent coexister – pour ne pas dire doivent coexister. Que notre société est paradoxale, tantôt conspuant le mystère, tantôt le plaçant au centre de chaque être ! Fin de la parenthèse.

Revenons à la philosophie matérialiste, qui interdit d'explorer un au-delà divin dont elle a prouvé la non-existence, et à la science qui interdit d'explorer la Nature si l'on n'est pas reconnu en tant que scientifique par la communauté des scientifiques (nul ne saurait tout seul se proclamer scientifique). Ce sont là des consensus que l'on ne pourrait renier sans déstabiliser notre société. Pour éviter l'effondrement psychologique des individus ainsi que le chaos social – que devraient générer ces deux frontières qui interdisent au plus grand nombre de partir à la chasse au mystère – un autre consensus a été adopté : c'est non plus la religion mais la science qui doit essaimer et faire vivre *par procuration* le désir d'exploration de chaque individu. Cela doit se faire par la forte médiatisation de la recherche médicale, biotechnologique, physique et spatiale. Si la science est hors de portée de la majorité des individus, et par voie de fait les mystères de la Nature, la science se doit alors de faire rêver l'humanité. C'est une sorte de contrat.

Ainsi, ce sont aujourd'hui des millions d'individus, dans les sociétés occidentalisées, qui vibrent d'émotion en apprenant la découverte de planètes possiblement habitables ou l'invention de technologies médicales pour remplacer des organes défectueux. Les messages de découvertes mémorables, transmis des instituts de recherche à la population via les médias de masse, donnent une direction à la société, orientent la « marche du progrès ». Même si bien sûr ces messages n'effacent aucunement les misères quotidiennes. Si ces messages n'étaient pas diffusés en masse – ce qui parfois génère des situations grotesques quand ils sont par exemple insérés au cours d'un journal télévisé entre une information sur la corruption d'un élu et une information sur les ventes de viande porcine – le consensus sur le privilège de la science pourrait être remis en question : le « peuple » irait chercher ailleurs ce qui lui permet de découvrir, d'explorer, les aspects de la réalité que les cinq sens ne peuvent appréhender. Les individus iraient chercher ailleurs ce sentiment de dépassement de soi que la science ne pourrait plus leur procurer. Ils retourneraient en masse vers la religion. Car, selon moi, le désir d'exploration est in fine lié au désir de *transcendance* : l'être humain veut devenir plus que ce qu'il est, et pour cela il doit explorer, afin de savoir, de connaître ce qu'est l'univers qui l'entoure et comment il peut changer sa place dans cet univers, ou se changer lui. Si la science ne devait plus être la source de ce sentiment de dépassement de soi, aurait-elle encore une raison d'être ? La culture de médiatisation de la science s'est fixé l'objectif de faire vivre par procuration à tout un chacun cet effort vers la transcendance. L'honnêteté de ce rêve est discutable, car la science ne profite pas à tout le monde. La science sert d'abord la guerre et les riches. Mais c'est un autre débat...

EXPLORATION ET TRANSCENDANCE

Aujourd'hui trois acteurs se partagent le désir d'exploration par procuration, autrement dit le « marché de la transcendance » :

1. la recherche scientifique (qui génère dans sa traînée la science-fiction, genre littéraire très répandu et donc vraisemblablement indispensable à l'équilibre social) ;
2. les spiritualités des grandes religions ;
3. les pseudo-sciences ;
4. (les philosophes, dans la mesure où ils laissent une part de mystère dans leurs systèmes de pensée. Toutefois, nombre

de philosophes revendiquent l'inutilité, comme pour Dieu, de recourir au mystère).

Si l'on n'est pas un membre de la communauté scientifique, si la science nous paraît trop compliquée, on peut se tourner vers les spiritualités des grandes religions. Elles permettent d'agir sur soi-même : introspection, changement de comportement, éthique. Elles sont aussi des voies d'accès au mystère intra-personnel (le mystère des relations entre individus). Par ailleurs, pour ce qui est des problèmes de la vie quotidienne, notez que cela n'empêche pas de privilégier la rationalité.

Ce marché de la transcendance est-il satisfaisant ? Procure-t-il à suffisamment de nos concitoyens le sentiment de pouvoir explorer la Nature et ses mystères ? La science en particulier remplit-elle son contrat de faire explorer la Nature par procuration ? Penchons-nous sur les messages de découvertes mémorables émis par la science. Ces messages sont nombreux, mais, s'ils sont fidèles à la technique scientifique (c'est-à-dire si le journaliste retransmet sans erreur les explications qui les scientifiques lui ont fournies), par contre la réception de ces messages par la population n'est pas conforme aux valeurs scientifiques. C'est un paradoxe : la science fait objectivement des découvertes et informe la population qui, elle toute profane qu'elle est, ne peut qu'avoir une posture de *croyance* envers ces informations. Elle ne peut que croire ou ne pas croire ces informations. Car sans formation scientifique, il est tout à fait impossible de mener une réflexion sur la justesse des découvertes scientifiques relayées par les médias de masse. Il est même impossible de savoir si elles sont vraies ou pas ! C'est une des limites, reconnue, du journalisme scientifique. Tant que de la recherche fondamentale ne sont pas dérivés des objets utilisables dans la vie quotidienne, les phénomènes naturels découverts par les chercheurs ressemblent à des serments de confrérie secrète. Par exemple, les recherches menées au CERN, au LHC Large Hydron Collider de Genève, sont incompréhensibles pour 99,99 % de la population mondiale. Et même lorsque des appareils, des applications finales de théories extrêmement complexes, arrivent dans la vie quotidienne, loin s'en faut pour que l'utilisation implique la compréhension. Certes, l'utilisateur a conscience qu'il doit être en mesure de comprendre les *principes* de fonctionnement de l'appareil : par exemple le laser d'un lecteur CD qui identifie les charges positives et négatives, l'encodage informatique des musiques dans un baladeur MP3, la pellicule de téflon qui rend une poêle anti-adhésive. Mais une part d'inexpliqué demeure toujours. Qui par exemple est en mesure d'expliquer la fonction de chacun des composants de son téléphone portable ? Le fonctionnement de sa plaque de cuisson à induction ?

Bon an mal an, je pense que les messages émis par la recherche spatiale et médicale parviennent tout de même à procurer à la population cet indispensable sentiment d'exploration. Ce sentiment d'extension de soi. La procuration fonctionne malgré le paradoxe : l'individu transfère son désir d'explorer au scientifique, et par cet acte il maintient vivant en lui ce désir qu'il ne peut lui-même concrétiser. La science est le nouvel opium du peuple[20].

LA FRONDE ANTI-SCIENTIFIQUE

Les précédentes phrases n'engagent que moi, et la réalité peut sembler me donner tort. En effet, la communauté scienti-

---

20 Dans cette logique, on comprend que le transhumanisme bénéficie d'importantes campagnes de médiatisation. Le transhumanisme est la promesse d'augmenter l'humain. Le transhumanisme promet un rêve énorme d'exploration. Un rêve excitant, car il y a des dangers : il y a notamment le risque de perdre notre humanité ! Donc le transhumanisme est médiatisé non en tant que science dangereuse, mais en tant que défi humaniste : incorporer la technique et la puce électronique dans nos corps sans perdre, sans rogner, notre humanité.

fique exprime régulièrement, par voie de presse, son inquiétude envers l'attitude sceptique du grand public. Celui-ci, plutôt que d'accorder sa confiance à la science pour explorer la Nature, doute des bienfaits et de l'utilité de certaines techniques de recherche (recherche sur la génétique des plantes et des animaux, sur le cerveau des animaux, sur les réactions nucléaires). Ces techniques auraient, dans les mains d'entreprises peu scrupuleuses, rapidement des conséquences néfastes pour l'humanité. Cela constitue la forme de contestation la plus visible à l'égard de la science. L'autre forme de contestation, qui est de l'ordre du tacite, provient d'une déception : la déception causée par la promesse non tenue d'exploration de la Nature et ses mystères. Car qui veut d'un rêve qui hypothéquerait la vie du rêveur ? En prenant trop de risques, en jouant à l'apprenti-sorcier, le message que la science appliquée transmet à la population n'est plus un message d'exploration forte et réfléchie, mais d'une exploration candide, légère et à l'utilité douteuse. C'est l'image de l'ouverture de la boîte de Pandore. Le peuple est déjà restreint et dépendant de la science pour assouvir par procuration son désir d'explorer. Il a en plus, avec les nouveaux domaines de recherche dangereux, l'impression que les scientifiques le forcent au chantage : le prix pour explorer par procuration la Nature et ses mystères serait d'ouvrir la boîte de Pandore. Sous cette fronde populaire anti-scientifique, il y a donc un malaise : oui pour être un aventurier par procuration, non pour être un aventurier par procuration qui risque la mutilation bien réelle dans l'aventure. De la boîte de Pandore peuvent sortir des techniques et des matières qui mutilent les corps (risques physiques de toxicité avec les modifications génétiques des plantes comestibles et risques de dégénérescence et de blessure dans la recherche et les applications nucléaires, pour ne citer que ces deux domaines de recherche) ou qui mutilent notre humanité (souffrance des animaux de laboratoire ou de populations exposées à des molécules non contrôlables). Par exemple, les peuples de toutes les nations se sont faites duper par l'entreprise Monsanto-Bayer[21]. Entreprise qui se prétend scientifique, mais qui est une vraie pseudo-science !

Revenons justement aux pseudo-sciences. Sur le marché de la transcendance, les pseudo-sciences se démarquent de la science par les points suivants :

- L'instrument pseudo-scientifique permet *à tout un chacun* de faire une découverte (tenir l'appareil, lire la mesure, se déplacer, refaire une mesure) et d'agir concrètement en conséquence (changer son comportement ou changer la place de son lit ou déterminer où creuser un puits).
- L'instrument pseudo-scientifique fait vivre l'enthousiasme de l'exploration, et cela concrètement. La découverte ne se vit pas procuration, elle devient un acte personnel car l'appareil pseudo-scientifique est assez facile à utiliser seul.
- L'exploration, donc l'espoir de la découverte, peut se vivre seul : avec son pendule on peut partir explorer le monde. Tandis que les connaissances scientifiques ne font de sens que si elles sont le fruit du travail de toute une communauté de savants.
- Utiliser l'instrument est *sans risque*. L'innocuité est un argument marketing très utilisé par les pseudo-sciences.

Deux remarques s'imposent. Premièrement arrêtons-nous un instant sur le fait que la science est un travail communautaire sinon d'équipe, et jamais le travail d'une personne seule. Cette caractéristique peut être ressentie comme un poids sur les épaules de *tous* les individus qui composent la société. Nous tous portons ce poids sur nos épaules, car en nul lieu l'Homme occidental ne peut s'en départir. Quand une per-

---

[21] Marie-Monique ROBIN, *Monsanto devant ses juges*, 2017.

sonne va dans son jardin par exemple, observe ses légumes mangés par un ravageur, identifie les traces que celui-ci laisse, puis cherche la présence d'un ennemi naturel de ce ravageur, cette personne sait qu'elle ne fait qu'utiliser ce que d'autres ont découvert. Peut-elle *connaître par elle-même* le jardin, se demande-t-elle ? Elle sait implicitement que c'est un acte de vanité que de prétendre faire soi-même une découverte, au regard des nombreux scientifiques qui œuvrent depuis deux siècles à l'évolution rationnelle de la société. Mais pour aller au jardin, pour identifier le ravageur et ses prédateurs naturels, invoquer toute la bibliothèque du muséum d'histoire naturelle peut sembler bien lourd. Et réécrire par soi-même toute l'histoire naturelle est une entreprise vouée à l'échec. Le simple jardinier d'aujourd'hui est dépendant des découvertes scientifiques des siècles passés. Il ne peut pas lui-même tout redécouvrir.

De même pour l'expérience spirituelle : imaginons une personne assise sur un banc d'église, ou sur une colonne d'un temple. La veille, elle a appris au journal télévisé que les mécanismes cérébraux des états de conscience modifiés (la très grande concentration, le laisser-aller, la spontanéité, la très grande joie, la sensation de plénitude, la sensation de s'étendre hors du corps...) sont enfin scientifiquement explicables. Les scientifiques savent quelles molécules, dans quelles quantités, dans quelles successions, dans quelles zones du cerveau, accompagnent tel ou tel instant de conscience modifiée. Cette personne ne va-t-elle pas alors penser que ce qu'elle ressent en priant ou en méditant, elle n'est en fait pas à même de l'interpréter ? Car si les scientifiques le peuvent, ils le peuvent certainement mieux qu'elle ? Ne devrait-elle pas, plutôt que de chercher à vivre ces instants de recueillement, investir dans quelques livres de neurochimie ? Quelle légitimité lui reste-t-il pour déclarer que ce qu'elle ressent, en son for intérieur, est la vérité ? N'a-t-elle pas été dépossédée de son for intérieur, de sa volonté d'exploration de son être ? La science et la communauté scientifique sont partout, dans tous les domaines de la vie, dans toutes les consciences... On n'y échappe pas. Tout ce qui existe, dans la vie courante, a été ou sera passé au crible par la communauté des scientifiques, pour identifier ce qui existe vraiment et ce qui n'existe pas, pour différencier les faits des affabulations[22], pour différencier les sensations des illusions. Donc, parfois, appeler un radiesthésiste ou un géobiologue pour demander conseil peut sembler plus simple, plus gérable (car le risque de se perdre dans la littérature d'un domaine qu'on ne connaît pas est un risque bien réel). Le radiesthésiste ou le géobiologue, avec son domaine de connaissance relativement restreint, mais qui promet tout de même de pouvoir agir concrètement, apparaît comme une sorte de compromis entre la rigueur scientifique et l'imagination individuelle, de compromis entre la somme colossale et assommante du savoir scientifique universelle et l'ignorance.

La deuxième remarque concerne l'innocuité. Les pseudo-sciences sont-elles sans danger ? Utiliser le pendule pour trouver de l'eau, plutôt qu'un coûteux appareillage technique avec gravimètre et magnétomètre ? Si on trouve de l'eau, on aura

---

22 Avec l'internet omniprésent, nous sommes désormais constamment sur le parvis d'une bibliothèque. Il nous suffit de tendre le bras, d'activer notre téléphone intelligent, et il nous affiche toute la somme du savoir scientifique. Pourquoi un couloir de vent se forme-t-il, qui dévaste tout sur son passage et laisse les arbres intacts vingt mètres plus loin ? Pourquoi une rivière n'est-elle pas en crue alors que les pluies sont torrentielles ? Pourquoi certains papillons ne gèlent-ils pas malgré des températures négatives ? À la moindre de votre question, aujourd'hui, une réponse scientifique peut vous être amenée, et ce très rapidement. Cela n'est-il pas aussi déboussolant que l'absence totale de savoir scientifique ? Trop de savoir nous fait-il encourir les symptômes de la cage dorée ?
L'enseignement spirituel de Krishnamurti, dans les années 1960 – 1990, avant donc l'omniprésence d'internet, résonne à ce questionnement : Krishnamurti enseignait que pour parvenir à être, pour parvenir à l'essentiel de notre être, il faut désapprendre tout ce que notre culture (les parents, l'école, l'entreprise, l'administration) nous a inculqué.

fait de belles économies. Sinon, il faut creuser ailleurs. Perdu ! Mais ce n'est pas si grave. Il faut distinguer les pseudo-sciences qui n'engagent pas la santé humaine de celles qui l'engagent. Prenons le cas de l'homéopathie. Sucer des petites boules sucrées ne fait pas de mal. Si guérison il y a, les scientifiques véritables l'attribuent à l'effet placebo, non aux substances extrêmement diluées que sont censées contenir les petites boules. Il y a donc effectivement danger : l'effet placebo peut certes soigner des symptômes, mais pas les causes d'une maladie. Quant à la thérapie freudienne, ainsi que l'explique Michel Onfray, elle promet rien moins que de faire disparaître la cause physique, biologique, d'une maladie. Selon Freud, les maladies ont pour origine le déni d'une pensée, en général une pensée désagréable liée à un événement désagréable vécu dans l'enfance. Ce déni, cette occultation (le terme freudien est refoulement) est selon Freud ce qui engendre la maladie au plan biologique, physique. La thérapie consiste à faire prendre conscience par le patient de ses dénis et de ses occultations. Par ce seul acte de prises de conscience, le symptôme biologique est censé disparaître... Que le lecteur ne se méprenne pas sur ma position : les pseudo-sciences sont bien moins dangereuses que les vraies sciences, en ce sens qu'avec leurs théories et instruments inefficaces elles ne peuvent pas produire d'effets. Les chercheurs qui manipulent des réacteurs nucléaires ou des molécules de synthèse hautement toxiques font eux courir un risque réel à l'humanité. Mais, dans le domaine de la santé, là où les pseudo-sciences prétendent à la vérité alors qu'elles ne sont qu'effet placebo (quand elles ne sont pas de pures affabulations), elles mettent en danger la vie des malades, alors qu'un médecin conventionnel soignera en traitant et la cause et le symptôme[23].

Revenons à l'appareillage en pseudo-sciences. Il est donc un vecteur émotionnel du désir d'exploration : il promet à n'importe qui de pouvoir vivre l'enthousiasme de la découverte, et donc implicitement d'aller contre un tabou de la société : le monopole de la découverte par la communauté scientifique. Cette fronde peut en plus procurer un sentiment de vitalité, de se sentir vivre, comme lorsqu'on ose dépasser une limite de vitesse sur la route. Avec l'affichage de rationalité, cette façon implicite de promettre de contourner le contrat social de la science et d'être en avance sur elle, permet aux pseudo-scientifiques de gagner et de fidéliser un public cultivé.

Après ces réflexions, on est en mesure de porter un autre regard sur les pseudo-sciences : au vu des caractéristiques de la science, l'existence des pseudo-sciences est *inévitable*. Les pseudo-sciences n'ont pas pour projet de détruire la science officielle, reconnue, mais elles prennent racines simplement sur un espace émotionnel que la science (avec la complémentarité des philosophies matérialistes) a laissé nu.

SYNTHÈSE : FAIRE CONFIANCE OU FAIRE PAR SOI-MÊME

Notre questionnement nous a amené à la thèse de l'existence d'une certaine déception, non dite, voire d'une méfiance, d'une partie importante de la population à l'égard de la science. Nous avons vu que cette déception peut être

---

23 Ce qui ne signifie pas que tous les médecins sont de bons médecins, et que tous les médicaments sont de bons médicaments, nuance. Et bien souvent, la médecine conventionnelle ne s'attarde pas sur les causes de la maladie. Et cela crée le besoin d'une autre forme de médecine. Mais c'est un autre débat.

expliquée premièrement par les inconvénients de certaines techniques, en liens avec des objectifs purement mercantiles. Deuxièmement, la promesse non tenue d'exploration et le chantage à la boîte de Pandore expliquent (sur un niveau implicite) la déception envers la science. Ces deux niveaux de déception mènent à la fronde anti-scientifique. Troisièmement, nous avons vu que la communication scientifique oblige à l'attitude duale croyance / non croyance, tandis que la science en elle-même abhorre cette attitude. Et faisons intervenir maintenant un élément extérieur : ajoutons à ces résultats qu'un des principes de la *raison* rejoint un des principes de la société de consommation : l'individu doit être en position centrale, pour vérifier comme pour acheter. On ne doit pas toujours faire confiance, sinon on se fait « avoir ». On doit juger par soi-même.

Le développement de l'esprit critique est un des piliers du système éducatif (du moins doit-il l'être). Pourtant force est de constater que la science est trop vaste pour que celui qui n'est pas scientifique puisse la critiquer. Henri Brugères en conclusion de son article cité, partageait l'analyse des résultats de l'enquête de Boyle et Michelat en 1982[24], et admettait que l'enseignement *scientifique* faillait à son objectif premier : le développement de cet esprit critique. L'absence d'esprit critique à l'intérieur même de la science s'ajoute donc à la quasi-illégitimité de l'esprit critique exercé de l'extérieur de la science vers la science. Le déclin actuel (en France en tout cas) des filières scientifiques d'études supérieures et la baisse des vocations pour l'enseignement scientifique peuvent être interprétés comme la poursuite de ce mouvement, mouvement qui est alimenté par une certaine déception à l'égard de

---

24 BOY, MICHELAT. *Les Français et les parasciences*. La Recherche, 1984, 15 (n° 161), 1560-1 567.

la science dès l'adolescence. Brugères : « La science ne fait plus rêver, et en plus elle peut être dangereuse. »

Revenons aux pseudo-sciences. La science, comme tout entreprise humaine, ne peut pas être parfaite : un doute, une incomplétude, subsistent toujours quand une découverte est réalisée, le temps que les moyens théoriques, humains, financiers et techniques soient réunis pour chercher comment les combler. Il n'est pas question d'interdire les pseudo-sciences parce qu'elles exploitent, même parfois de façon éhontée, cet espace de doute légitime. Une telle interdiction serait socialement désastreuse. *Les pseudo-sciences sont telles un miroir inversé des sciences, avec leurs bienfaits et leurs contraintes.* Ce qu'il faut, c'est maintenir les pseudo-sciences en dessous du seuil sectaire, en renforçant dans l'enseignement inférieur la place allouée aux méthodes d'observation et d'expérimentation, tout en impliquant la réflexion et surtout en accueillant dans l'enseignement supérieur scientifique des modules d'initiation à l'histoire, à la sociologie et à la philosophie des sciences. Ces modules, aujourd'hui en France, ne sont pas complètement reconnus ni par les facultés de sciences naturelles, ni par les facultés de sciences sociales. Cela décourage l'étudiant (qui est un futur scientifique ou un futur enseignant des sciences) à se pencher avec méthode sur le pourquoi de la science, et cela laisse trop grande ouverte la fenêtre, légitime en soi et bénéfique pour l'épanouissement de la science comme de la société[25], du questionnement des principes scientifiques.

---

25 La rareté d'un tel questionnement dans la société peut amener à percevoir la science comme une entreprise imposée et non voulue, occultant ainsi sa capacité à épanouir les esprits et les cultures.

PHYSIQUE QUANTIQUE ET LIBRE-ARBITRE

En 2016 j'assistais à une conférence organisée par une association ésotérique de Saint-Lô. En cette année 2017, sur le site internet de la même association on peut lire qu'une conférencière se réjouit d'être invitée à nouveau et affirme que c'est la preuve que « Saint-Lô s'éveille à la spiritualité ». Effectivement, les Françaises et les Français se posent des questions sur le sens de la vie. L'offre de livres spirituels et religieux est impressionnante. Et c'est une bonne chose. Mais combien de personnes ressortent satisfaites des conférences organisées par l'association ? Combien adhèrent à l'association ? Combien n'y remettent pas les pieds ? L'occultisme – l'association invite majoritairement des médiums – peut-il être considéré comme une spiritualité ?

Voici, tout d'abord, le récit de mon vécu lors de cette conférence. Ensuite je vous présenterai via une petite histoire vécue un indice que les croyances « d'un autre niveau que la science » sont plus communes qu'on ne pense parmi les gens érudits. Puis je vous montrerai comment deux expériences insolites, vécues personnellement, peuvent être interprétées soit de façon ésotérique, soit de façon scientifique.

Fin juin 2016, le travail au jardin accapare toutes mes journées depuis deux mois. J'ai envie de me changer les idées. Une association centrée sur la métaphysique plus ou moins respectable (Near Death Experience – expériences de mort imminente, télépathie, vie après la mort, médiumnité, dialogue avec les anges) organise une conférence sur la physique quantique, dont voici la présentation :

> Jeudi 30 juin 2016, Mr. E... R..., physicien, épistémologue, écrivain et conférencier de renommée internationale :

LES 12 LOIS QUANTIQUES DE L'UNIVERS. La conférence présentera, de façon vivante et accessible, l'essentiel de ce qu'il faut savoir sur le monde quantique. Ce monde, contre-intuitif et surprenant, nous étonnera parce qu'il est riche d'une dimension invisible ignorée, qui parfois agit en lui. L'univers tangible s'accompagne ainsi d'un double invisible et agissant, qui le complète. Il y a là un formidable message d'espoir, qui donne sens à notre vie et montre que nous sommes reliés aux autres, aux étoiles, à tout ce qui vit et vibre dans le monde... Cet univers nous donne des pouvoirs extraordinaires mais en général méconnus – que nous découvrirons.

Je m'étais intéressé pour la dernière fois à la physique lors de mon DEA : j'avais étudié les similitudes entre les « nouvelles » physiques (physique quantique et relativité) et la philosophie bouddhiste de l'interdépendance et de la vacuité. Depuis, les physiciens avaient peut-être fait des découvertes importantes dont les implications philosophiques seraient intéressantes à connaître. Pourquoi pas ? Au pire, cette conférence me rappellerait mon DEA. Je suis sceptique face à la phrase « une dimension invisible qui parfois agit en lui », mais je décide d'assister tout de même à la conférence : si le conférencier est à la fois physicien et épistémologue, il ne peut que présenter des idées intéressantes, qu'il saura relier à l'histoire et à la philosophie de sa discipline.

À la fin de mes études je me suis plongé dans la pensée matérialiste pour borner mon mémoire sur les rencontres entre scientifiques et bouddhistes : j'ai découvert les « chasse à court » menées par les scientifiques matérialistes tels que Jean Dubessy, Guillaume Lecointre, Marc Silberstein, Alain Sokal, Jean Bricmont, pour ne citer qu'eux, pour débusquer les gourous et les charlatans qui se parent des atours de la science. Des gourous qui utilisent les découvertes scientifiques pour justifier la psychokinésie, la vie après la mort, la création divine ou encore pour tenter de se faire reconnaître comme de véritables scientifiques et ainsi accéder aux universités et aux écoles et y répandre des thèses finalistes, créationnistes ou sectaires. J'ai lu les ouvrages de tous ces scientifiques défenseurs du matérialisme, qui en plus d'expliquer la nécessité du matérialisme scientifique, expliquent toutes les méthodes utilisées par les usurpateurs de la science. Par exemple lorsqu'une personne affirme être professeur, mais qu'elle n'est rattachée à aucune université, à aucun laboratoire, ne supervise aucun étudiant et ne publie dans aucune revue scientifique. Cette personne est donc vraisemblablement un charlatan. Ou encore, lorsqu'une personne se présente comme chercheur à l'institut XY, il faut par soi-même se renseigner sur l'institut en question, car le terme d' « institut » n'est pas réservé aux bâtiments où l'on pratique de la recherche scientifique. N'importe qui peut appeler son entreprise « institut de ... » ! J'aurais pu appeler mon jardin Institut de Recherches Agroécologiques !

Sachant cela, avant même d'aller à la conférence je suis à peu près certain que Mr R... est un imposteur. Aucun physicien universitaire, à titre professionnel, ne voudrait seulement s'approcher de ce genre d'association, connues pour « piéger » les scientifiques et se servir d'eux très abusivement comme cautions par la suite. En tout cas, je vais pouvoir tester par moi-même les techniques pour débusquer les faux scientifiques, et tant mieux si Mr R... se révèle être un honnête physicien.

J'arrive sur place. Le conférencier est tel qu'on se l'imagine : plus tout jeune, lunettes, costume, calme, au regard pénétrant, avec un certain air de sagesse[26]. La conférence démarre. Premières explications, premiers schémas au tableau

---

26 Ce même conférencier sera invité au colloque sur la conscience et l'invisible, cf. le cas Nicolas Fraisse. Une fois le présent livre lu, vous comprendrez que cela ne tient pas du hasard, bien au contraire.

blanc. Le conférencier fait des jeux de mots pour s'attirer l'affection du public, pour détendre l'atmosphère. Il invite le public à poser des questions. Les phénomènes quantiques s'enchaînent, les plus importants sont nommés « fleurs quantiques » par le conférencier. Il nous introduit à une logique qui n'est pas la nôtre : corpuscule ou onde, saut quantique sans état intermédiaire, inséparabilité à travers l'espace de deux particules sœurs. Les schémas s'enchaînent, simplistes. Le conférencier invite le public toutes les cinq minutes à poser des questions, au point que je me sens mal à l'aise de ne pas lever la main pour demander moi aussi quelque chose, pour faire comme tout le monde. Les explications sont claires, la logique est de niveau 6e, les jeux de mots sont incessants. Le « professeur » répète et répète, tourne les choses sous tous les angles : il connaît bien son sujet, quoi que le sujet soit assez peu profond. En effet, nous ne voyons ni graphiques ni photos d'appareillage ni tableaux de résultats. Aucune expérimentation n'est relatée, pas plus que les enjeux de la recherche. Il a fait des recherches – mais il ne nomme pas les différents programme de recherche qu'il a accomplis. Et qui, vu son âge avancé, ont pourtant dû l'occuper de nombreuses années.

Le conférencier semble devoir faire un effort à chaque fois qu'il explique une certaine notion, comme s'il avait vraiment plein de choses en tête. Il semble avoir du mal à se remémorer un certain terme, comme si ce terme et ce qu'il implique était particulièrement compliqué. Il trébuche presque plusieurs fois sur les pieds du tableau blanc mobile, comme s'il était très distrait et totalement à fond dans ses pensées. Perdu dans ses pensées. Viens l'inévitable petit souci avec l'ordinateur ! Il se trompe de dossier : là ce sont les notes pour son prochain livre qui apparaissent sur l'écran projeté, comme par hasard. Mais il ne trouve pas les dossiers de recherche qui devraient être nombreux et plein de rapports d'études... Citoyen du monde, il fait aussi des jeux de mots et des remarques en anglais. Very cool ! La conférence est bien avancée, mais il n'affiche toujours aucun résultat d'expérience, même présenté de façon simplifiée.

C'est un peu « gros » ; je me demande si je suis le seul à remarquer toutes les exagérations du conférencier : les répétitions, les jeux de mots, les invites à poser des questions, les ré-explications, les difficultés à trouver des termes techniques. Certes je ne m'attends pas à trouver dans la salle un public à l'aise avec la recherche scientifique, mais tout de même, pourquoi ce physicien, qui se prétend épistémologue en plus, ne nous parle-t-il pas des dates et des personnes fondatrices de la physique quantique ? Bien sûr aucune des questions posées ne va dans cette direction. N'y a-t-il pas de la part du conférencier une mise en scène, dont l'objectif serait d'une part de pallier au manque de profondeur des notions abordées, d'autre part de se créer le caractère du vieux et sympathique savant distrait, perdu dans ses pensées ? Je suis sceptique.

Comment réagit le public ? Le public écoute attentivement, car public il y a. Dans cette petite ville de Basse-Normandie, ce sont au moins une centaine de personnes qui sont réunies là ce soir. La majorité prend des notes et pose des questions. Toutes les cinq minutes, à l'invite du conférencier. Certains osent même l'interrompre ; il est trop heureux de prendre son temps pour expliquer à nouveau.

Au bout d'une heure je m'ennuie ferme, car voilà déjà trente minutes que le conférencier se répète, tournant ses « fleurs quantiques » dans tous les sens, faisant ses schémas en passant d'une couleur de feutre à l'autre, puis refaisant le schéma dans le sens inverse pour l'expliquer à nouveau ! Certes, c'est de la vulgarisation, mais de la vulgarisation de quoi ? Pas de physique, car aucun instrument de physique, aucun appareil de mesure, au résultat d'expérimentation n'a été évoqué.

Puis, enfin, il progresse dans son exposé. Voilà maintenant que les particules quantiques ont deux aspects : un aspect physique et un aspect qui ne relève ni du temps ni de l'espace, et qui est le libre-arbitre essentiel, primitif, de la matière. Et d'expliquer que toutes les particules quantiques communiquent entre elles à la manière d'un réseau par-delà le temps et l'espace ! D'où la non-séparabilité des particules, mais aussi : la psychokinésie, la télépathie, les guérisons à distance, la localisation de sources à distance par le sourcier... Et d'expliquer avec aplomb que c'est pour cela que les physiciens quantiques ne progressent plus depuis un siècle : car ils n'acceptent pas cet aspect des particules en dehors du temps et de l'espace, ils n'acceptent pas le libre-arbitre des photons et des électrons... Lui est convaincu de la véracité de sa théorie, les scientifiques sont à la traîne, nous dit-il !

Mais quelles expérimentations a-t-il faites pour aboutir à sa théorie ? Pour la tester ? Cela il ne nous le dit pas. Je pourrais lui poser la question, mais je n'ose pas...

Puis il enchaîne sur ses douze lois de la physique quantique, dont la dernière est l'amour. Oui l'amour. Il entreprend d'expliquer chacune des lois en détail – ouf, les cinq premières ont en fait déjà été expliquées via les « fleurs » quantiques. Le troisième point fort de la conférence est que ces lois physiques ne concernent pas seulement la matière. Elles régissent aussi notre vie, notre vie individuelle et sociale « car tout est lié ». Et en guise de preuve, il raconte ... de nombreuses anecdotes de sa vie quotidienne. Finies les explications avec des schémas et des mots compliqués, les anecdotes, les histoires entre voisins, s'enchaînent sans discontinuer. Deux particules issues d'une même source partagent un même libre-arbitre, même quand elles sont séparées par d'énormes distances ; nous sommes tous poussière d'étoile, donc il est normal que nous ayons des volontés communes... Quel raccourci ! En fait, ce qu'il nous raconte n'est rien d'autre que de la sagesse quotidienne, du bon sens populaire. Mais qui serait justifié par le libre-arbitre des particules quantiques. Les particules ne peuvent pas être dans un état intermédiaire, elles font un saut quantique, c'est la loi du tout ou rien. Car on le sait bien, choisir c'est renoncer. « Choisir c'est renoncer » : expression qu'il répète toutes les cinq minutes, pour bien nous faire comprendre que... comprendre quoi au juste ? Je ne comprends plus rien !

Les explications concrètes ne viennent toujours pas : le conférencier est dans l'extrapolation la plus totale. « The cat is out of the bag », le pot aux roses est dévoilé : sous couvert de science, le conférencier vend de la sagesse universelle et atemporelle.

Dans le public, les stylos courent sur le papier, les pages se remplissent de notes, les têtes hochent, les bouches émettent des « Ah ! » et des « oui je le savais » après que les sourcils se soient froncés. Il règne une atmosphère studieuse, de compréhension. « Allez-y, n'ayez pas peur de poser des questions ! »

C'en est trop pour moi. Après une heure et demie, je considère que mon initiation au démasquage de charlatan est complète et je quitte la salle. Le conférencier continue à parler, j'ai l'impression que tous les yeux se tournent vers moi... Le public restera encore une heure à écouter des banalités ! À moins que quelques courageux n'aient suivi mon exemple, reconnaissant la supercherie et faisant une croix sur les sept euros du prix d'entrée. Par contre, si les gens veulent dépenser leurs sous, tout a été prévu : le conférencier a amené ses livres, qui couvrent une table entière. Il convient de commencer par tel livre, puis celui-ci et celui-là, nous a-t-il dit. Il a entrecoupé régulièrement ses explications pour nous présenter ses livres. D'ailleurs il organise aussi des séminaires et des cours particuliers, partout en Europe et en Amérique du Nord. Petit retour au début de la conférence : le conférencier s'est présenté *très* succinctement. Quel est son laboratoire ? Quand travaille-t-il dans son laboratoire ? Quels sont ses projets actuels de recherche ? Avant de partir je fais une petite recherche sur internet via mon smartphone : il n'a pas de laboratoire, il ne supervise aucun étudiant en thèse de doctorat. Chercheur en physique quantique, il ne dispose donc d'aucun matériel de recherche. Vous aurez compris, le doute n'est plus permis : c'est un charlatan, qui professe une *interprétation* gratuite de *certaines* théories physiques. Je pense qu'il n'est pas dangereux, mais soporifique il l'est certainement.

Je remercie les matérialistes précédemment cités d'avoir écrit leurs ouvrages. Grâce à eux j'étais bien prévenu et j'ai pu tirer le meilleur enseignement possible de ce genre de conférence, à savoir que ce n'est pas parce que quelqu'un qui a l'air sérieux, sympathique et sage tout à la fois, parle de choses peu évidentes, que ce sont là des choses sérieuses, utiles et vraies. Il ne faut pas se fier aux apparences. Quand j'y repense, ce qui m'a mis le plus mal à l'aise durant la conférence était la répétition des invitations à poser des questions, alors qu'il n'y avait rien à expliquer parce que tout n'était qu'extrapolations gratuites. Parce qu'il n'y avait aucun résultat de recherche concret, parce qu'il n'y avait aucun *faits* à partir desquels la conférence aurait pu être construite, à partir desquels une démonstration pouvait être menée, à partir desquels diverses interprétations auraient pu être comparées. Mais la répétition et l'insistance des invites à poser des questions créait une atmosphère malsaine, sans que je parvienne à expliquer clairement pourquoi. Inévitablement, à partir d'un moment, du public fusèrent des questions particulièrement simplistes, et le conférencier expliquait, encore et encore. Oui : c'en était abrutissant.

La première partie de la conférence était dédiée à expliquer des phénomènes quantiques avérés (qui faisaient écho à ce que j'avais pu lire pour mon mémoire de DEA) et cela aussi m'a mis mal à l'aise. Cela a donné un gage de sérieux au conférencier, alors que par la suite ses extrapolations ne relevaient pas du tout de la science. Un conférencier intellectuellement honnête, scientifique ou pas, aurait présenté au public les diverses interprétations et explications possibles des phénomènes quantiques. Lui ne présentait que sa propre vision des choses. Mais il est évident qu'un conférencier neutre n'aurait pas été invité par l'association ésotérique.

Oui, mais...

Les idées de ce pseudo-scientifique sont-elles toutes à jeter à la poubelle ? Non, je ne pense pas. L'usurpation scientifique réside dans le fait d'invoquer la science pour soutenir certaines croyances. Ces croyances ne sont pas ridicules : elles peuvent être présentées en tant que telles. Ainsi le libre-arbitre de la matière que défend le conférencier. Selon cette idée, le hasard et la contingence seraient des volontés : les volontés de la matière, et ce à la plus petite échelle imaginable de la matière. Pourquoi pas ? Les photons, les protons, les électrons ont peut-être une conscience et ils ont peut-être certaines possibilités de choisir, à leur échelle. Ces particules seraient à la fois matière et conscience, seraient à la fois des particules élémentaires de matière et de conscience ; matière et conscience seraient indissociables dès la plus petite échelle de l'existence (l'échelle nanométrique). Philosophiquement, cela se tient. Mais concrètement, cette idée est très limitée. On ne peut pas dire que le libre arbitre des protons ou des neutrons soit responsable de la chute d'une tuile sur la tête d'un passant. La matière est organisée : particules élémentaires – atomes – molécules – minéraux – minerais ou organes, corps, écosystèmes, etc. Les éléments de chaque niveau d'organisation sont constitués par l'agrégation, la fusion, l'adhésion d'éléments du niveau inférieur. Au niveau supérieur, ces éléments perdent leurs propriétés. Ainsi les propriétés d'une barre d'aluminium ne sont pas les propriétés des atomes d'aluminium. Ainsi les caractéristiques d'une maison ne sont pas les caractéristiques des briques qui composent cette maison. On méditera cette belle question : la goutte d'eau conserve-t-elle les propriétés de l'océan dont elle est issue ?

Le pseudo-scientifique défend aussi l'idée que tout est relié, parce qu'il interprète ainsi l'expérience de non-dualité, qui démontre que deux particules élémentaires soumises à une même force, puis éloignées l'une de l'autre, gardent des propriétés complémentaires. Pour lui cette expérience explique la télépathie, la psychokinésie et les communications médiumniques. Là encore, l'idée est sensée : en effet, tout est relié. Regardez une étoile : le rayon de lumière qui émane de l'étoile est une ligne ininterrompue entre l'étoile et votre œil. Entre l'étoile et votre conscience pour ainsi dire. Même si l'étoile est à l'autre bout de la galaxie. Pareil pour vos pieds : marchez sur le sol ; vous voilà reliés au noyau de notre bonne vieille Terre. Entre la plante de vos pieds et ce noyau, il n'y a pas de vide, il y a de la matière en continu, qui se « touche » de proche en proche de vos pieds jusqu'au noyau et inversement. Il y a continuité entre vous et le noyau de la Terre. Tout est relié ! C'est merveilleux de prendre conscience de cette reliance[27]. Mais reliance ne signifie pas influence réciproque. Vos pieds ne peuvent pas modifier le noyau terrestre ; vos yeux ne peuvent pas modifier l'étoile. Cette reliance ne procure aucun pouvoir. C'est une erreur évidente de croire que

---

27 Le terme de reliance est souvent utilisé dans un contexte spirituel, pour signifier le lien réciproque entre le créateur et sa créature ; entre l'individu et le tout.

parce qu'il existe des continuités, ces continuités peuvent supporter des relations de cause à effet, de réciprocité. C'est dommage ! On voudrait bien, parfois, que ce soit si simple... Ou n'est-ce pas plutôt une bonne chose ? Imaginez si nous étions également soumis à toutes les influences de toutes les choses qui existent dans l'univers. Nous n'aurions aucune stabilité existentielle. Les différents niveaux d'organisation de la matière sont autant de filtres qui délimitent les relations de cause à effet possibles.

Le chercheur de sens que je suis reconnais que dans les pseudo-sciences il y a matière à réflexion. Mais il faut savoir ôter le manteau fragile et troué de l'usurpation scientifique, pour voir en-deçà la matière digne de réflexions longues, subtiles et essentielles.

CROP CIRCLES

Le 11 septembre 2017, la même association organisa une conférence sur les « crop-circles » également nommés « agroglyphes ». J'y assistais, en me doutant que le conférencier verserait dans la pseudo-science, au même titre que la « cryptozoologie » qui est la discipline consacrée à l'« étude » des espèces improbables (yéti, loch-Ness, big-foot, etc.) et l'ufologie (discipline qui étudie les ovnis). Le grand public sait que l'honnêteté des études sur le yéti est douteuse, que les méthodes et les techniques ne peuvent pas être fiables. Mais en ce qui concerne les crop-circles, étant donné leur complexité, le doute à propos de comment ils sont réalisés, et par qui, est légitime. Crop-circles : véritable mystère ou arnaque ? Figures réalisées par l'armée américaine à l'aide de lasers surpuissants installés sur des satellites, ou figures réalisées par des extraterrestres ? Le conférencier versa effectivement dans la pseudoscience, en expliqua que les lieux où ils sont réalisés sont des lieux sacrés « hautement énergétiques ». Et que cette énergie vitale se mesure. Et que ces figures sont des messages laissés par des extra-terrestres, des « frères de lumière galactique ». Il mélange donc ufologie et géobiologie.

S'il y a bien une chose à laquelle je ne crois pas, c'est la géobiologie et sa théorie du réseau énergétique. Théorie qui nous dit que certains endroits sont propices à la vie et d'autres non, en fonction de l'énergie vitale du lieu. J'ai vécu dans plusieurs pays ; par ma formation j'ai étudié de nombreux écosystèmes ; et je vous affirme que la vie foisonne partout là où les conditions ne sont pas extrêmes. Uniquement aux hautes altitudes, aux hautes latitudes, dans les déserts et dans les grandes profondeurs des océans n'y a-t-il pas de vie. Dans la plaine de Caen par exemple, il n'y a aucune raison de penser que certaines zones sont moins propices à la vie. À mes yeux, chaque mètre carré de terre a le même potentiel de vie, et je ne vois aucune raison qui laisse penser que certains mètres carré seraient moins respectables que d'autres, ce que la géobiologie sous-entend.

Selon la géobiologie, le magnétisme des lieux est mesurable. Dans certains lieux à forte vitalité, à forte valeur spirituelle, le magnétisme serait élevé. Dans les temples, dans les églises, à Stone Henge. Et dans les crop-circles. Inversement le magnétisme dans les lieux anodins serait faible. Croyez-vous cela possible ? Cela implique que le magnétisme soit mesurable, que les différences de magnétisme soient mesurables, et qu'un lien existe entre le magnétisme et la force vitale du lieu. Je ne crois pas à tout ça : je sais simplement que chaque lieu diffère selon qu'on y met plus ou moins de soin à l'organiser, à le contrôler ou à le laisser libre, qu'on y est souvent ou pas. Certains lieux nous sont chaleureux et d'autres nous sont froids, mais ce n'est pas causé par le magnétisme du lieu : il n'y a là aucun réseau magnétique, aucun pic magnétique ou aucune dépression magnétique. Il n'y a là que nos actes. Bref, je crains que la géobiologie puisse nous déresponsabiliser, en attribuant au magnétisme la sensation de bien-être ou de mal-être que l'on éprouve dans un lieu. Chercher le sens de la vie, au contraire, c'est reconnaître et porter nos responsabilités.

Faut-il croire que les extraterrestres ont choisi les hauts lieux énergétiques pour faire les crop-circles ? Avant cela, peut-on avoir confiance dans les photos et vidéos de ces phénomènes ? Les trucages sont faciles de nos jours. Les mesures faites sur place sont-elles scientifiquement fondées ? Je botte en touche, je ne veux pas essayer de répondre à ces questions. Il faudrait d'abord que je voie de mes propres yeux un crop-circle.

IL Y A « QUELQUE CHOSE »

Quelques jours après avoir assisté à la conférence de « physique quantique », je rencontre une vétérinaire qui souhaite acquérir deux de mes livres sur l'agroécologie. Je lui fais visiter mon jardin, nous parlons culture, de fil en aiguille j'en arrive à la biodynamie, puis à l'alchimie. Elle me dit alors que tout est alchimie. Je l'interroge : sa formation l'a-t-elle rendue sensible à ce thème ? Non, me dit-elle, tout au contraire. Je lui indique que j'ai assisté récemment à une conférence sur la physique quantique, durant laquelle le conférencier expliquait que la télépathie est possible parce que tous les éléments de matière qui forment le monde sont reliés entre eux et que la conscience n'est pas l'attribut de notre cerveau humain, mais l'attribut de la matière à l'échelle de l'atome et même en-deça. C'est « la part d'esprit dans la particule ». Elle me répond que dans son métier, il y a bien « quelque chose ». Elle « ressent » quand un animal à mal au ventre ou au dos ou à un membre, quand bien même l'animal ne parle pas ou n'indique pas la partie douloureuse. Il y a une forme de communication et il y a une forme de soin qui n'est pas du domaine de la médecine vétérinaire conventionnelle, laisse-t-elle entendre... Ses obligations font que nous devons interrompre la conversation.

Hé bien, voilà une curieuse rencontre ! Non pas cette charmante lectrice en elle-même, mais les imbrications : c'est comme un fil qui aurait démarré à la fin de mes études en 2004 et qui aurait continué à se dérouler, en arrière-fond de mes pensées. Avec une percée en 2014, pour la rédaction du texte *L'appareillage en pseudo-sciences*. Puis deux ans après la conférence de physique quantique et cette rencontre de juillet 2016. Puis remontée franche à la surface au printemps

2017, quand j'ai pris connaissance du cas Nicolas Fraisse (cf. plus loin). Avec ce cas Fraisse, j'ai compris que j'avais ouvert un questionnement lors de mon DEA, qui était depuis resté latent. En 2004 pour mon mémoire de DEA j'avais abordé un peu la question des pseudo-sciences via la perspective matérialiste, mais je ne m'étais pas intéressé aux pseudo-sciences elles-mêmes. Seule m'intéressait la frontière solide, la démarcation franche, que les scientifiques matérialistes avaient identifiée et étayée entre la science et la pseudo-science. Pour étudier les rencontres « Mind and Life » entre scientifiques et bouddhistes et les expérimentations qu'ils avaient conçues et réalisées ensemble suite à ces conférences, il me fallait connaître cette frontière. J'avais pris garde à rester du côté du matérialisme pour étudier les rencontres Mind and Life, afin de pouvoir montrer si oui ou non ces rencontres respectaient la méthode scientifique.

Après mon DEA, pendant dix années j'ai approfondi ma compréhension de la science, je l'ai pratiquée, je l'ai enseignée, puis je l'ai utilisée dans le cadre de l'agroécologie pour étayer théories et techniques. À partir de 2015 officiellement je n'ai plus eu aucun lien avec la science. Puis mes lectures philosophiques m'amènent à découvrir la docte ignorance. Au printemps 2017, je publie un livre sur l'agroécologie, dans lequel je relate ma mise en pratique de la docte ignorance lors des émotions au contact de la Nature. Le livre est publié, j'ai alors l'esprit libre, et ce qui était en arrière-fond remonte à la surface – notre cerveau ne nous laisse jamais tranquille ! Comme une bulle d'air qui remonte inexorablement, tôt ou tard, à la surface de l'eau. Avec l'étude du cas Nicolas Fraisse, je parviens à formuler clairement ce qui demeurait informe en arrière-fond de mes pensées, depuis 2004 : Que sont les pseudo-sciences ? Plus précisément, comment aborder les pseudo-sciences quand on n'est pas un scientifique, mais sans se départir pour autant du matérialisme ? Comme à mon habitude je réfléchis puis je commence un petit texte sur le cas Nicolas Fraisse. Rapidement il devient évident que les pseudo-sciences suscitent en moi de nombreuses réflexions et que le texte deviendra livre, ce livre que vous tenez entre les mains.

Encore une fois, dans ma vie j'avance pas à pas. Où ce livre me mènera-t-il, une fois fini ? Quels questionnements ouvrira-t-il ? Quelles rencontres ferai-je grâce à lui ? Je ne sais pas !

Retour à ma lectrice vétérinaire. Une hypothèse me vint à l'esprit : que, peut-être, les individus ayant suivi une formation scientifique tout à fait matérialiste, rationnelle et intellectuellement exigeante, seraient enclins à basculer dans les pseudo-sciences, dans l'irrationnel, dans l'intuitif. Est-ce que trop de raison étouffe la raison par moments ? Est-ce que l'excès de rationalisme conduit à la croyance excessive par une sorte d'équilibrage ?

Je crois que, pour notre santé mentale, il nous faut éviter de vivre dans un environnement entièrement explicable et expliqué. Une des fonctions du cerveau est de repérer l'inconnu, d'essayer de l'expliquer et ensuite de s'adapter à la nouveauté. *Sans la confrontation à l'inconnu, au doute, au nouveau, selon moi le cerveau devient inutile.* Donc pas de science sans croyance ? Trop de science mène-t-il à la pseudoscience ? Trop de raison mène-t-il à l'irrationnel ? Trop d'explications mènent-elles aux mystères ? Pensons à l'extrême : On sait que les dérives sociales du nazisme et de l'eugénisme reposaient sur l'ordre, la rationalité, la matière, le fait scientifique. La puissance technique et scientifique des nazis, leur organisation sociale rationnelle, impressionnaient les autres pays européens. Mais sous une apparence de rationalisme, au cœur du nazisme et de l'eugénisme se trouvaient des délires para-religieux (Ahnenerbe, Übermensch...)[28]. Comment la vétérinaire fait-elle pour équilibrer le rationnel (la science) et l'irrationnel (la pensée alchimique) dans sa pratique ?

Plus généralement, science et pseudo-science peuvent-elles coexister sans rogner leurs identités ? Ou bien cette coexistence est-elle impossible, l'une et l'autre s'entre-détruisant ? La science n'est plus science quand elle devient culte, idéologie. Ou quand elle devient une norme qui n'est plus questionnée. Quand est-ce que la pseudo-science cesse d'en être une ? Quand elle n'est plus que parole ou à-côté « pour le fun », croyance superficielle, mode. Si on veut l'une et l'autre, ne risque-t-on pas de perdre les deux, pour in fine ne plus croire en rien, ou croire en tout ?

Le chercheur de sens est un équilibriste, qui ne veut pas croire en tout, qui ne veut pas croire en quelque chose, qui ne veut pas croire en rien. Il ne veut pas se fixer, il veut cheminer.

---

28 Et pseudo-scientifiques : théories de la terre creuse et surtout la WEL, théorie du monde de glace (Welteislehre). C'est du moins ce que prétendent Pauwels et Bergier dans *Le matin des magiciens*. Selon eux la WEL était ce qui donnait aux personnalités dirigeantes une confiance totale dans le nazisme et ses plans pour le monde. C'est une théorie qui pourrait aujourd'hui convaincre les esprits les plus simples, aussi faut-il mieux la laisser reposer dans l'oubli. Cependant, des éléments de cette théorie sont présents dans les explications de Masaru Emoto concernant la formation des cristaux de glace. C'est encore un exemple de l'intrication des pseudo-sciences.

DEUX EXPÉRIENCES INSOLITES

Réunir ce qui est épars

La réflexion implique souvent la recherche d'une « troisième voie », une voie alternative entre le « tout noir » et le « tout blanc », une voie alternative à « ou faire ceci, ou faire cela ». Posons que le tout blanc serait la science et que le tout noir serait la pseudo-science. Que serait la troisième voie ?

C'est un fait connu que les scientifiques trouvent parfois leur inspiration en dehors de la science. Qu'importe le contexte dans lequel l'idée émerge, seul compte la vérification expérimentale de l'idée. Si le résultat est celui attendu, si l'hypothèse est confirmée, si les hypothèses deviennent complémentaires et concordantes, alors la théorie imaginée est confirmée. Qu'importe si c'est en contemplant un feu de cheminée ou une route que le scientifique a eu l'idée de la théorie !

Pour autant, il ne faut pas aller imaginer n'importe quoi. Il faut garder une certaine logique. Bien souvent, il est très inspirant d'aller voir ce qui se passe dans d'autres domaines scientifiques : c'est l'émulation bien connue de l'interdisciplinarité. On importe un concept d'un domaine dans un autre, qu'on va modifier un peu ici, adapter un peu là, et voilà un nouvel instrument ou une nouvelle théorie.

Mais ce travail imaginatif de modification/adaptation, à partir d'un ou plusieurs domaines, qui aboutira peut-être à une expérimentation, n'a rien d'évident : il faut posséder au préalable une bonne connaissance du domaine, de son histoire et de ses controverses présentes. Il est très difficile d'imaginer quelque chose de totalement inconnu. Et au fur et à mesure que les connaissances scientifiques s'accumulent, cela devient de plus en plus difficile.

Pour les besoins du présent livre, posons que toute la somme du savoir humain se répartit simplement en deux : d'un côté ce qui est confirmé scientifiquement et de l'autre ce qui ne l'est pas, c'est-à-dire les croyances, les intuitions. Je vous invite maintenant à vous tester vous-même. Je vais décrire deux expériences insolites que j'ai vécues. De quel côté allez-vous pencher pour les interpréter ? Science ou croyance ? Ou saurez-vous envisager une « troisième voie » ?

Des éclairs

Il était une fois... le premier jour d'un remplacement que je faisais dans un petit collège (j'ai fait pendant deux ans des remplacements en lycée et collège en SVT), en Basse-Normandie. À la pause du matin dans la salle des professeurs, je rencontrais pour la première fois mes nouveaux collègues. L'un d'eux retint spontanément mon attention. En effet, il entra dans la salle et parla derechef avec une collègue. Je vis alors, au-dessus de sa tête, une petite boule d'éclairs blancs ! Des éclairs comme il en est souvent dessiné au-dessus des personnages de bande-dessinée. Je ne voyais pas concrètement ces éclairs, c'était comme si seulement mes yeux les voyaient, une sorte de réalité juste pour moi. La vision ne dura qu'un instant, une demi-seconde, et j'étais interloqué. Jamais une telle chose ne m'était arrivée auparavant. Je ne pouvais que constater que cela venait vraiment de se produire. Ce n'était en aucune façon la lumière d'une lampe ou un reflet lumineux. Puis les présentations entre collègues se firent, la pause se termina et je n'y pensais plus.

Une semaine plus tard, j'apprenais par hasard que ce collègue était en fait très inquiet ce jour-là. Une élève avait écrit sur Facebook qu'elle était sortie avec lui ! Sa carrière était en danger. Et là je compris pourquoi j'avais « vu » au-dessus de

sa tête cette boule d'éclairs : elle indiquait son état d'esprit. Il était tiraillé, très nerveux, irrité. Comme des éclairs.
Il y avait donc une logique dans ce que j'avais vu. Mais vu quoi au juste ? L' « aura » du collègue ? L'aura est par définition une tarte à la crème de l'ésotérisme, de la métaphysique, de la religion même. On pense à l'auréole des saints, à la photographie Kyrlian censée révéler les auras des individus, auras qui indiquent l'état de santé de la personne, état de santé globale et aussi de chacune des parties du corps... Cher lecteur, je devine que vous levez un sourcil interrogateur : est-ce que je crois être en mesure de voir les auras des gens ? Patience, ne me jugez pas trop vite. Je dois vous faire le récit d'une seconde expérience similaire.

Et des pelotes

Quelques mois plus tard, je recevais la visite d'un cousin. Nous parlions et, d'un coup, je vis au-dessus de sa tête un dessin lumineux. Cette fois il ressemblait à une pelote emmêlée, comme on en voit aussi au-dessus de la tête des personnages de bande-dessinée lorsqu'ils sont confus. La vision ne durait là aussi qu'un court instant. Nous en vînmes à parler mécanique auto, j'ouvrais le capot de ma voiture pour montrer des réparations récentes. Et avec étonnement je vis le cousin, ni une ni deux, tirer en tous sens sur les câbles et les durites ! Pourquoi faisait-il cela ? Puis tout d'un coup il parla d'autre chose, abandonnant l'intérieur du capot qui heureusement n'avait pas souffert de son intervention. Oui, ce jour-là mon cousin était « à côté de ses pompes » comme on dit. Un peu confus. Et ma vision d'une pelote emmêlée m'avait averti de cet état ! Encore une fois.

Alors, cher lecteur, pensez-vous que j'ai le don de vision des auras ? Pensez-vous que cela prouve que l'aura existe vraiment ? Bref que je vois les auras comme le Christ ou

Bouddha les voyaient ? Ou, plus scientifiquement, d'un point de vue matérialiste, pensez-vous qu'il s'agit d'effets d'optique ou d'un problème de santé au cerveau ? Penchez-vous pour les auras ou pour l'explication médicale scientifique ? Ou envisagez-vous une *troisième voie* ?

Une troisième voie à tester

Il y a une troisième voie bien sûr. Je ne souffre pas d'hallucinations ou de problèmes au cerveau et je ne suis même pas sous l'influence de bandes-dessinées que je lirais trop souvent. Et je ne suis ni Bouddha ni Jésus ni même un saint. On pourrait me soumettre à une évaluation psychiatrique, pour savoir si je suis un affabulateur : je vous raconte peut-être n'importe quoi ! Non, j'ai vraiment vécu ce que je vous ai raconté, vous devez me croire.

La troisième voie est matérialiste, mais elle n'est pas évidente pour autant. Il faut réunir plusieurs éléments. Personnellement, c'est ce genre de troisième voie que je considère être la voie par excellence de l'humanité humaniste, de l'humanité raisonnable et raisonnante, qui est rationnelle sans pour autant être fermée à l'inconnu, qui pense que l'inconnu existe et qu'il peut être exploré.

Premier élément : la communication non verbale. Quand on rencontre une personne, nous prenons conscience du langage du corps : posture tendue, décontractée, rides de sourire ou de peur, stress, angoisse... autour des yeux ou de la bouche, fluidité ou nervosité des mouvements, etc.

Deuxième élément : la synesthésie. C'est un léger trouble de la perception qui fait qu'un stimulus entraîne une perception double. Ainsi certaines personnes qui écoutent une musique sentent ou goûtent cette musique ! Elles ont l'olfaction stimulée par l'audition. Le plus souvent, l'audition est liée à la vue : on « voit » une musique. Pour ma part je visualise presque tout le temps les musiques, mais je crois que cela n'a rien de particulier, car on positionne tous, intuitivement, les sons dans l'espace.

J'explique donc ainsi mes « visions » de la boule d'éclairs et de la pelote emmêlée : j'ai eu, deux fois, une synesthésie {vision – communication non verbale}. Dans ces deux situations j'ai vu consciemment le langage corporel de la personne en question, langage corporel que mes yeux voyaient mais dont je n'avais pas intellectuellement conscience. Et, curieusement, mes cellules grises auront renvoyé à mon cortex visuel un signal, qui l'aura transformé en boule d'éclairs et pelote emmêlée, superposés à mon champ visuel.

Entre la foi et l'impossible, entre la science et la croyance, entre la crédulité et le déni, il y a le doute. Il y a la « docte ignorance ». Le doute raisonnable, qui mène à l'explication que je viens de vous proposer.

Il me fallut deux ans pour parvenir à cette explication combinant synesthésie et communication non-verbale. J'ai vécu deux années sans avoir de réponse. Cela ne m'a pas empêché de dormir, parce que ce n'étaient que deux expériences succinctes, sans conséquence. Je suis resté avec cette absence d'explication, tout simplement. Je n'ai même pas fait quelque lecture pour en savoir plus sur les « auras ». Je n'ai même pas pensé que cela était la preuve d'une quelconque capacité extraordinaire, d'un « don ». Aurais-je dû être « converti » à la spiritualité, c'est-à-dire aurais-je dû dès cet instant admettre que ce que j'avais vu était la preuve qu'il existe une autre réalité ? Mon absence de réaction est-elle au contraire la preuve que je suis un matérialiste pur et dur ? Ma réaction a été ... de ne rien faire. De ne rien penser. Si j'étais une personne très spirituelle, prompte à croire, j'aurais été bouleversé par ces expériences et elles m'auraient donné le signal pour croire sans retenue à une autre réalité dans laquelle les auras existent bel et bien. Si j'étais un matérialiste pur et dur, j'aurais été immédiatement convaincu que je venais d'être victime d'hallucinations.

Oui, cher lecteur, chère lectrice, vous pensez que ces deux expériences n'étaient peut-être pas un hasard et qu'elles avaient pour objectif de m'amener à ... écrire ce texte justement ! Et ces expériences seraient donc une forme de preuve qu'il existe une autre réalité ou qu'il existe d'autres aspects de la réalité que ni nos cinq sens ni la science ne peuvent appréhender. Bravo, vous avez gagné ! Cette idée est irréfutable. Et moi aussi avec ma troisième voie j'ai gagné. Car ma troisième voie, qui est la voie de la docte ignorance, est une voie de responsabilité. Si j'avais été un être profondément spirituel, je n'aurais eu d'autre choix que de croire à l'existence d'une autre réalité. Si j'avais été un irréductible matérialiste, je n'aurais eu d'autre choix que de croire à mon statut de victime d'hallucination – causée par l'ingestion d'une mycotoxine peut-être. Mais il ne s'est rien passé. Après les expériences je n'ai rien fait. La voie de la docte ignorance, c'est justement de ne pas agir si on ne sait pas pourquoi agir. Il faut attendre, attendre de savoir.

Vous pourriez encore me dire que ma voie de la docte ignorance n'est pas due au hasard ; qu'elle est voulue par une autre réalité, par une force supérieure, un plan du cosmos, etc. La preuve en est que je n'avais pas le choix : la docte ignorance s'est imposée à moi. C'est mon destin.

Vous avez encore gagné ! Effectivement, nous avons peut-être tous un destin qui nous attend. Ce qui ne signifie pas que ce destin soit d'une quelconque importance, nuance !

...

Plus prosaïquement, ma troisième voie explicative demande à être testée. Mais pourrait-on faire un programme de recherche pour la tester ? Un programme de recherche coûte cher, donc in fine il faut qu'un programme de recherche permette à quelqu'un de gagner beaucoup d'argent, en générant des applications rentables. Eh bien, je vois deux applications concrètes qui seraient possibles si mon explication est valide :

1. Peut-on provoquer ce type de synesthésie {vue – communication non verbale} ? Si oui, peut-on alors apprendre et enseigner cette capacité ? Et donc apprendre et enseigner aussi les autres formes de synesthésie ? En savoir plus sur la synesthésie serait aussi utile pour concevoir des interfaces homme-machine, c'est-à-dire des interfaces entre le système nerveux et une puce électronique en silice (bien que je ne sois pas un fan de trans-humanisme, mais dans certaines situations ce genre d' « augmentation » de l'être humain pourrait être utile). Le « nouveau sens » procuré par la puce électronique (un capteur d'ultrasons par exemple) pourrait être « accolé » à un de nos cinq sens via le mécanisme déjà existant de la synesthésie. Ce qui serait peut-être plus simple que de forcer le cerveau à intégrer à un nouveau sens (le sens procuré par le capteur électronique en question) ?
2. Si mon explication est valide, il faudrait faire une relecture des écrits religieux et ésotériques : la fameuse auréole de sainteté, en tant que telle, ne serait plus aussi importante. « The truth is in the eye of the beholder » – « la vérité est dans l'œil de celui qui sait ». Ce n'est pas d'avoir une auréole qui est important, car à priori avec ma théorie tout le monde peut en avoir une (mais de forme variable). Ce qui est important est de pouvoir la voir, d'avoir la capacité intuitive de combiner synesthésie et communication non verbale. Cela impliquerait aussi une relecture du symbolisme des auréoles.

Nul doute que quelqu'un trouverait un moyen de gagner de l'argent avec ces applications. Pour le meilleur ou le pire.

L'ACTIVATEUR DE COMPOST DE MISS BRUCE

Je me reporte ici au livre de M.E. Bruce († 1964), *Gartenglück durch Schnellkompost*, Waerland Verlagsgenossenschagft, Mannheim, 1968, traduit du livre original *Common sens compost making*, Faber and Faber Limited, London, 1946.

Miss Bruce est initiée à la biodynamie de Rudolf Steiner avant la seconde guerre mondiale. Durant la guerre, elle constate la pénurie de fumier et ses conséquences négatives pour les potagers anglais. La solution à ce problème est pour elle une évidence : il faut remplacer le fumier par du compost. En biodynamie existent plusieurs préparations à base de diverses plantes, dont une pour « activer » les tas de compost.

Le compost est un tas que l'on constitue avec les restes de végétaux : restes de cultures et épluchures de cuisine. Soit on dispose de peu de restes de végétaux, mais régulièrement. Et le tas grossira donc progressivement. Soit on dispose de beaucoup de restes, et on peut réaliser en une fois un tas d'au moins un mètre cube. Dans ce cas, le compost peut être « activé » : une fois le tas réalisé, on l'aspergera d'une solution activatrice, c'est-à-dire qui va stimuler sa dégradation et sa transformation en humus, sans avoir besoin de retourner le tas pour l'aérer.

Si le compostage se passe bien, les restes de végétaux se transforment en une terre noire, légère et riche en minéraux, qui permet de fertiliser un sol : l'humus. Mais cette décomposition et cette transformation ne réussissent pas toujours : le tas peut devenir soit un monticule puant et gluant, soit un monticule tout sec et qui ne se décompose pas du tout. Le jardinier doit donc veiller soit à arroser le compost soit à l'aérer pour qu'il se transforme bien.

Les nécessités de la guerre poussent miss Bruce à faire connaître l'activateur de compost : une solution à base de diverses plantes préalablement séchées et pulvérisées, qui, après insertion dans le compost, fait « mûrir » celui-ci correctement et sans avoir besoin de le retourner. Car retourner le compost aide à bien le faire mûrir, mais cela requiert de considérables efforts quand les volumes dépassent le mètre cube.

Toutefois, la préparation biodynamique de l'activateur n'était pas libre de droit. Les enseignements de Rudolf Steiner, avant-guerre, ne devaient être échangés qu'entre disciples. Miss Bruce élabora donc une recette personnelle d'activateur, inspirée par les principes de Steiner. Elle la testa, puis l'enseigna et la diffusa gratuitement. Les composts aspergés de la lotion conçue en respectant les consignes de miss Bruce (la « quick return method ») mûrissaient bien sans avoir besoin d'être retournés. Et ce compost enrichissait la terre aussi bien qu'un fumier. Dans son livre, miss Bruce relate une anecdote qui aujourd'hui nous fait sourire. Un jardinier utilisait la quick return method pendant la guerre, et ses enfants avaient une bonne dentition, preuve que le sol était correctement enrichi avec le compost et qu'il produisait de sains légumes.

La méthode de miss Bruce, ainsi que la méthode biodynamique, reposent donc sur l'utilisation d'une lotion d'activateur de compost. Or, aujourd'hui, nous savons qu'une telle lotion est inutile : on peut faire du bon compost sans l'utiliser.

Je qualifie la méthode de miss Bruce de pseudo-science parce que :

- On y trouve des matériaux : des ingrédients tels que miel, écorce de chêne, achillée, lait, etc. ;
- des techniques (recette pour préparer l'activateur, pour le stocker, pour l'utiliser) ;

- un « fait-problème » comme on en trouve dans les sciences conventionnelles. Dans ce cas, le fait-problème que note miss Bruce est celui-ci : étant donné qu'un gramme de poudre de différentes plantes, dilué dans un demi-litre d'eau et versé dans un tas de végétaux d'1 m^3 (plus précisément dans des trous faits dans ce tas à l'aide d'une perche), va transformer tous ces végétaux en bon compost, comment expliquer qu'une si petite quantité d'activateur puisse avoir de si grands effets ?
- une théorie, qui explique l'effet de l'activateur. Miss Bruce s'est demandée comment expliquer que si peu de substance produise un si grand effet. Nous sommes pendant la guerre, et miss Bruce va proposer cette surprenante explication : la radioactivité ! Miss Bruce suppose que l'activateur, qui est utilisé en très petite quantité par rapport au volume de matière à composter, diffuse son « énergie vitale » dans tout le tas de compost parce qu'il est radioactif. Car on sait que la radioactivité produit des effets à très petites doses et qu'elle se communique de proche en proche. Comment l'expliquer autrement, sinon, s'interroge-t-elle ?
- Et enfin un résultat concret : le tas de végétaux transformé en compost.

Matériaux, technique, fait-problème théorie, résultat concret : voilà qui a tout d'une science. L'explication par la radioactivité semble aujourd'hui bien naïve, mais avant-guerre la radioactivité était à la mode. C'était le « nec plus ultra » de la science. On prêtait à la radioactivité des vertus curatives ; on se « soignait » par des séances d'exposition et par l'ingestion de dragées et de bonbons radioactifs ! De radio-*actif* à *activ*ation, il n'y avait qu'un pas à faire. Bien sûr, par la suite, on comprit que la radio-activation n'avait rien d'une activation ou d'un transfert d'énergie vitale, tout au contraire. Radioactivité devint synonyme de mort (tout le contraire de l'énergie vitale)²⁹. De plus, pour miss Bruce la nature « subtile » de la radioactivité devait sembler compatible avec les principes subtils de la « science spirituelle » professée par Rudolf Steiner. Science subtile car postulant que la matière est composée d'une part matérielle, que la science conventionnelle étudie et explique à merveille, mais aussi d'une part spirituelle, qui confère à la matière un « sens », une signification. Et l'arrangement des différentes formes de matière entre elles (minéraux, air, eau, etc.) est déterminé autant par les caractéristiques physiques que par les caractéristiques spirituelles. À ce propos, il suffit d'inclure dans ces caractéristiques spirituelles le libre-arbitre et on retrouve la théorie pseudo-physique étudiée plut haut. Voilà un exemple parmi d'autres de l'interdépendance de toutes les pseudo-sciences entre elles.

Mais la science de miss Bruce n'en est pas une. Miss Bruce préconisait, en même temps que d'utiliser l'activateur, de

---

29 Lorsque la TSF fut inventée, le milieu spirite revendiqua que la médiumnité pouvait être étudiée et prouvée de façon scientifique parce que les défunts et les êtres des autres plans de l'existence communiquaient via les mêmes ondes électromagnétiques qui rendent possible la TSF. Mais quand la radio et la télévision se répandirent dans tous les foyers, et que personne n'entendait ni ne voyait de défunts s'exprimer à la radio ou à la télévision à la place du speaker ou du présentateur, le milieu spirite abandonna sa prétention à la scientificité. La pseudo-science devint croyance puérile. Mais une croyance qui perdure encore aujourd'hui ! Ainsi les chasseurs modernes d'esprits de défunts pensent que s'ils règlent leur radio pour qu'elle change de station de façon aléatoire à chaque seconde, la suite des premiers mots entendus à chaque station formera un message. Un message en provenance de l'au-delà !

C'est un aspect des pseudo-sciences que d'utiliser des théories scientifiques en vogue. En ce moment la physique quantique est toujours la science la plus compliquée, donc les pseudo-scientifiques en usent et en abusent. Et quand une nouvelle discipline scientifique émergera, les pseudo-scientifiques s'en empareront pour justifier des idées ésotériques ou farfelues.

Je rappelle que je n'ai rien contre l'ésotérisme ; je pense seulement que l'ésotérisme – et les religions – n'a aucun besoin de se justifier avec des pseudo-techniques et des pseudo-théories qui ont l'apparence de la science. Si on croit en quelque chose, on n'a pas besoin de preuve !

suivre une méthode particulière pour faire le tas de végétaux : veiller à ce qu'il ne soit ni trop sec ni trop humide, le placer à l'ombre et non dans une dépression de terrain où l'eau s'accumule, ne pas le placer en plein soleil, ne pas le tasser ni trop l'aérer par la présence excessive de branchage parmi les végétaux et veiller à l'arroser de temps en temps s'il tend à dessécher. Et c'est cette méthode qui produit l'effet, non pas l'activateur ! L'activateur n'avait aucun rôle. Aujourd'hui on sait que pour qu'un compost mûrisse bien, nul activateur n'est nécessaire. Par contre la méthode de compostage est correcte, efficace et suffisante. Un retournement réduit la durée du processus de dix à huit mois, mais il n'est pas indispensable. Miss Bruce prétendait que l'activateur permet de « sauver » des composts mal démarrés (putréfaction ou dessication). De nombreux jardiniers ont montré qu'un tas de végétaux finit toujours par se décomposer, même quand il est toujours trop mouillé. Uniquement s'il est trop sec peut-il prendre plusieurs années pour se transformer en compost. Et dans ce cas, il est invraisemblable que le demi-litre d'activateur suffise pour le réhydrater.

La méthode de miss Bruce a intéressé bien des jardiniers, dont moi-même en 2011 avant de démarrer mon activité de maraîchage. Puis je me suis rendu compte, en faisant tous les ans plusieurs mètres cube de compost, que l'activateur est effectivement inutile : le compost mûrit bien s'il est correctement fait et placé au bon endroit.

L'intéressant dans ce cas de pseudo-science ne s'arrête pas là. Tout aussi instructif est de savoir comment on peut en venir à s'intéresser à ce genre de méthode qui promet une réussite à 100 %. Qu'est-ce qui fait que cette méthode m'avait intéressée, au point d'acquérir la version allemande de 1968 du livre de miss Bruce ? Je vois trois explications conjointes : ma visite du jardin de l'abbaye de Fulda, où une lotion similaire est utilisée de nos jours, conçue à partir de la quick return méthode de miss Bruce ; l'aspect technique de la méthode (précision, procédure, rôle de chacune des plantes utilisées) ; le fait que la méthode Bruce soit une copie libre d'une méthode *secrète*, réservée aux initiés en biodynamie. Soit, dit autrement : la force de conviction de jardiniers reconnus (les sœurs de l'abbaye, qui cultivent un jardin productif et fertile d'une année sur l'autre, et c'est aussi dans ce jardin que fût développée la méthode originelle d'association des cultures par Gertrud Frank) ; la force de conviction de la rigueur technique – le raffinement et l'efficacité d'une technique sont les preuves que cette technique est utile ; l'ésotérisme quasiment dévoilé, sinon approché au plus près. Dit autrement : le groupe, la technique, le secret dévoilé. La méthode de miss Bruce réunissait tout cela. Et, aujourd'hui, je dois en toute honnêteté rajouter une autre explication : mon ignorance, tout simplement ! Si j'avais appris l'existence de la méthode Bruce trois ans après le début de mon activité de maraîchage, je ne m'y serais pas du tout intéressé.

Notons toutefois que la pseudo-science de miss Bruce était fondée en honnêteté :

- Le besoin de remplacer le fumier de cheval était réel et urgent en temps de guerre ;
- La baisse des rendements des jardins était réelle ;
- Le compostage était peu considéré à cette époque. Les ouvrages du XIXe siècle ne le mentionnent pas, car le fumier de cheval était en surabondance et servait donc de fertilisant, disponible gratuitement et avec peu d'effort. La biodynamie, malgré l'incompétence de Steiner en agriculture[30], a tout de même fait émerger la pratique du compostage, pratique qui a supplanté les compliquées et polluantes nitrières[31].

---

30 Qui n'a jamais lui-même été agriculteur...

Miss Bruce, en prenant le parti de la diffusion d'un savoir pour le bien-être de tous et en abandonnant le culte du secret, a œuvré noblement. Ce fut une pseudo-science « par erreur », sans charlatanerie, sans glorification de son promoteur. Elle constitue la seconde étape de l'histoire occidentale du compost (première étape le compostage biodynamique, seconde étape « profane » la méthode Bruce, troisième étape découverte scientifique de l'humus et du cycle de la matière organique, quatrième étape le temps présent avec des méthodes de compostage raffinées adaptées à chaque type de végétaux et industrialisées pour recycler les déchets de jardin).

Avant de conclure sur ce cas, rappelons qu'en général une pseudo-science est critiquée sur ses trois aspects centraux : la personne (le promoteur, le groupe qui invente et diffuse la pseudo-science), la théorie et la pratique. Quel est l'enjeu pratique du cas présent ? Eh bien, n'oublions pas que cette pseudo-science, née durant la guerre, est toujours d'usage aujourd'hui, à l'abbaye de Fulda. Faudrait-il dire aux sœurs que leur activateur de compost est sans effet ? Que c'est du pipi de chat ? Difficile de leur dire cela de but en blanc, pour deux raisons. Étant sœurs, par définition la croyance est pour elles une réalité. Elles croient en Dieu, donc elles peuvent tout aussi bien croire en l'efficacité de l'activateur. C'est le droit de tout un chacun de croire en l'efficacité d'une chose, après tout ! Tant que l'effet inverse n'est pas constaté. Ensuite, il y

---

31 Mélange de matières végétales en décomposition et d'excréments. L'objectif est de fabriquer des nitrates. Au XIXe siècle, siècle de la chimie, les engrais sont à la mode. On ajoute donc à la nitrière divers minéraux et diverses substances chimiques. L'idée centrale est de passer du végétal et de l'organique au minéral pur : les nitrates. De telles méthodes sont encore expliquées dans les revues agricoles des années 1960, l'objectif étant d'obtenir l'équivalent des engrais chimiques. Aujourd'hui, la profusion d'engrais chimiques a rendu de telles méthodes inutiles, et l'on sait que le compost conduit à l'humus et non aux nitrates. L'humus est un troisième état, distinct de l'état végétal et de l'état minéral. Encore fallut-il attendre la découverte scientifique de l'humus, son origine, sa fonction, dans les années 1960.

a l'intrication, aspect que j'ai évoqué dans la circonvolution initiale. Cet activateur fait à base de plantes n'est pas la seule solution faite à base de plantes : les sœurs font également des purins (à base d'ortie et de consoude notamment). Ces purins, similairement à l' « activation », confortent la croissance des plantes. Aujourd'hui il n'est pas clair si ces purins ont un effet ou non, car il existe plusieurs théories sur ces purins, qui leur prêtent différents modes d'action[32] ! Ainsi, on ne peut que dire que l'activateur fonctionne *peut-être*, parce qu'il est similaire à un purin, et que les purins fonctionnent *peut-être*. Purin et activateur reposent peut-être sur un même principe. Les doutes sont concomitants ; la logique veut que l'on explique par une même théorie des observations certes irrégulières mais similaires. Et « on peut y croire », et « si ça ne marche pas, par contre il est certain que ça ne fait pas de mal ». N'est-ce pas quand même Rudolf Steiner qui a eu l'intuition de ces préparations à base de plantes pour aider les plantes elles-mêmes ? La méthode Bruce est intriquée avec les capacités intuitives de Steiner et avec l'usage agricole des purins de plantes. Vous voyez : il est alors impossible de balayer d'un revers de main, par « l'autorité de la raison », la méthode Bruce. On ne peut pas exclure totalement la possibilité d'un effet, quand la raison exigerait une certitude totale. D'ailleurs, dans l'absolu, asperger le compost avec l'activateur ne peut pas avoir exactement le même effet que de l'asperger avec de l'eau. Formé comme biologiste, je pense que dans des conditions de laboratoire il serait possible de mettre en évidence une différence dans la maturation des composts. Mais il est possible que cette différence soit minime et/ou que les conditions de compostage priment sur la nature du liquide utilisé pour asperger le compost. C'est comme pour cultiver avec la lune : toutes choses égales par ailleurs, la lune peut

---

32 Voir à ce sujet mon cours théorique d'agroécologie, BoD, 2015.

influencer la croissance et la germination, mais la qualité de la terre et le soin de l'arrosage priment. *Les causes ne sont pas toutes également importantes ; il existe une hiérarchie des causes.* Un semis qui manque d'eau ne lèvera pas bien même quand la lune lui est favorable. À ma connaissance, des tests de l'activateur en laboratoire n'ont pas été réalisés, mais ce qui compte ici, c'est de voir comment la science peut rentrer à nouveau en jeu pour confirmer qu'un doute légitime existe. Alors que la pratique avait exclu la nécessité de recourir à la science (dans la pratique, l'activateur n'est pas nécessaire pour que le compost mûrisse bien). Tester l'efficacité de l'activateur de compost et des purins de plante pourrait être l'objet d'un mémoire de recherche.

Prenons un peu de recul, et constatons que nous sommes revenus à notre point de départ ! Ce qui au départ était une affirmation (« il faut activer les composts pour qu'ils mûrissent bien ») est devenu une possibilité qu'on ne saurait écarter, quand bien même la pratique ne le prouve pas (« il est tout de même possible que l'activateur ait des effets »). Le retour au point de départ est une caractéristique des pseudo-sciences. Cela les différencie des vraies sciences. En science on n'accepte pas une théorie sous prétexte qu'elle *peut* être vraie. On teste cette théorie, en réunissant certaines conditions (c'est l'expérimentation), et on regarde ce qui se produit. Si dans les conditions que l'on a créées (le dispositif expérimental), le résultat n'est pas celui attendu, alors la théorie doit être modifiée. Voire abandonnée. C'est cela le principe de l'expérimentation scientifique : dans telle condition, si la théorie est correcte, tel phénomène *doit* se produire. Le *doit* est essentiel : c'est la causalité, l'effet, la conséquence. Sans causalité pas de rationalité. Au contraire, le pseudo-scientifique utilise toujours l'argument du doute légitime pour nous ramener à la question « oui mais, d'un point de vue scientifique, ne pensez-vous pas que ce phénomène n'est pas assez étudié ? ». Et cela nous force à accepter, du moins temporairement, la théorie pseudo-scientifique.

Quelle que soit l'origine morale d'une pseudo-science, dans ce cas l'erreur sincère de miss Bruce, on ne s'en débarrasse pas ! Tout comme on ne peut pas se débarrasser d'un sophiste qui arrive toujours à nous faire admettre son point de vue. Ou à nous faire admettre que sa théorie est la moins pire, ou à nous faire admettre que notre savoir est incomplet ou limité. Le pseudo-scientifique veut toujours avoir le dernier mot. Ainsi il affirme sa domination mentale sur vous. N'est pas un pseudo-scientifique la personne qui expose ses observations et ses théories et qui, à la fin de l'exposé, ne cherche pas à tout prix à vous convaincre.

Revenons sur l'aspect sophistique. Il y a du sophisme dans les pseudo-sciences, volontaire ou non. Le chercheur du sens de la vie doit-il se détourner d'une pseudo-science parce qu'elle contient quelques erreurs incontestables et/ou parce que son promoteur est un sophiste ? Non. Je crois que le chercheur de sens doit mettre tout ça dans un coin de sa tête sans conclure de façon définitive. Il sait que la vie pourrait l'y ramener un jour ou l'autre, il sait aussi que de toute chose il y a des enseignements positifs, constructifs, à tirer. Et il sait que la vie est une recherche de transcendance. Il faut apprendre de tout et de tout le monde, même des sophistes. Le chercheur de sens « fait feu de tout bois ». Plus généralement, la quête du sens de la vie ne se limite pas à la matière, à la société ; on ne peut exclure l'existence de « quelque chose d'autre », que ce soit extérieur et ponctuel ou subtil et partout. Toutes les pseudo-sciences sont des voies, de même que toutes les disciplines scientifiques reconnues sont des voies, de même que quasiment tout d'ailleurs : économie, art, technique... C'est la vie en arête de poisson, le chercheur « parcourant » l'arête centrale, découvrant toutes les arêtes latérales, et sachant que toutes ont un rôle, une raison d'être. Les pseudo-sciences ont une raison d'être. Le chercheur de sens ne s'arrête à aucune voie, il les emprunte toutes, et il questionne leur raison d'être et le pourquoi de son passage, le pourquoi de son intérêt pour telle ou telle voie.

Je reviens maintenant à l'inconfort que j'ai déjà évoqué, de mon incapacité à partager pleinement l'enthousiasme des membres de ma famille, ou de toute autre connaissance, à propos d'une pseudo-science. Partager l'enthousiasme c'est prendre part émotionnellement, c'est participer. Si on ne participe pas, on ne peut pas connaître vraiment. Ainsi, on m'a fait part des techniques et des théories de telle personne, aux effets remarquables, ou encore de telles autres théories au fort pouvoir explicatif. J'ai pris connaissance de ces théories en lisant un ou deux livres sur le sujet, mais je ne suis pas allé rencontrer cette personne, je ne suis pas allé à des séminaires pour approfondir ces théories. Certains aspects théoriques m'ont enthousiasmé, d'autres non : j'ai jugé selon mes critères et j'ai décidé de garder ceci et d'abandonner cela. Mon adhésion à une pseudo-science n'est pas totale, et c'est inconfortable, du moins c'est un travail intellectuel d'équilibriste, parce que je dois expliquer à mon entourage que je suis convaincu par telle théorie, mais pas par telle autre. Or, comme vous l'avez compris maintenant, une pseudo-science est un tout indivisible. Enlevez un élément, et c'est toute sa cohérence qui s'effondre. Donc douter en partie d'une pseudo-science, en retenir seulement certains éléments, c'est nier l'utilité, la vérité, le caractère avant-gardiste de la pseudo-science en question. Vous voyez à ces lignes que j'intellectualise beaucoup ; intellectualiser c'est analyser, segmenter, circonscrire, séparer. Au contraire de l'approche émotionnelle, de l'enthousiasme : l'enthousiasme ne peut être que total, c'est un mouvement émotionnel qui prend tout.

L'approche intellectuelle est pénible, c'est une suite sans fin de questions, c'est une auto-critique perpétuelle. Mais il faut que j'écrive cela pour arriver à un point de repère très important quand on étudie les pseudo-sciences : les sectes – ou dérives sectaires. Les sectes fonctionnent à l'émotionnel. Soit vous y adhérez complètement, soit vous n'êtes pas jugés aptes (à être initié, à devenir membre, disciple, etc.) Soit vous êtes pour, soit vous êtes contre, et si vous êtes contre on vous fait culpabiliser. Ne pas être admis dans un groupe fait culpabiliser, c'est une vieille ficelle de manipulation mentale. Et quand je trouve cette ficelle dans une pseudo-science, je me dis « attention ! ». Liberté d'abord ! Le chercheur du sens de la vie, comme le libre penseur, n'accepte pas l'adhésion totale, qui est soumission.

Inconfort de l'acceptation partielle d'une pseudo-science, dépistage de la « ficelle » du tout ou rien, et le prix à payer pour faire ces réflexions en tant qu'esprit libre est : le doute. Je doute : ai-je raison de ne pas me laisser convaincre par telle ou telle pseudo-science ? Les gens convaincus ont l'air si bien dans leur peau.

Je veux toujours tout questionner et tout analyser. Mais cette posture intellectuelle met à distance de la vie. Ce qui est paradoxal pour le chercheur de sens. Je veux connaître la vie dans toute sa diversité, je veux la vivre, mais je veux aussi la penser, la questionner (pour être toujours libre ?). C'est une position difficile à tenir, et nombre de philosophes y échouent. Certains philosophes prétendent à la sagesse, en voulant analyser et expliquer le monde. Mais pour parvenir à atteindre cet objectif herculéen, ils s'enferment dans le monde des livres, des articles, des conférences, des idées, de la logique, de l'intellect, et oublient de se référer à la réalité. Ils oublient la vie quotidienne et ils oublient d'agir. Ils ne font plus rien de leurs mains. Donc ils échouent : ils ne sont que tête alors que l'humain est une tête, un cœur et des mains tout ensemble.

Le chercheur de sens se demande : Est-ce que je vis assez ? Est-ce que je ne réfléchis pas trop ? Il est bien sûr impossible de répondre catégoriquement par oui ou par non. Il y a toujours un doute, mais cela je le reconnais comme tel. C'est un doute sain, c'est la « docte ignorance ». Pour l'instant, cette posture, ce chemin, me convient très bien pour aborder les pseudo-sciences et la vie en général. Je ne m'en départirais pas pour faire plaisir à quelqu'un (si et quand je m'en départirai sera mon entière décision).

Pour résumer : on peut se rapprocher du sens de la vie en faisant du compost !

LA SYNCHRONISTIQUE

La synchronistique est une pseudo-science relativement restreinte. Elle a pour seul objet d'étude les évènements synchrones dans le temps et dans l'espace. Par exemple, pourquoi, lorsque vous ouvrez la porte de votre maison, votre voisin fait-il de même ? Pourquoi un oiseau, qui vole à plusieurs dizaines de mètres au-dessus d'un stade, va-t-il déféquer et ses excréments atterrir sur la tête justement du souffre-douleur de la classe ? Ou pourquoi la famille Kennedy semble-t-elle affligée d'un destin morbide ? Ou pourquoi Michel Onfray se réveille-t-il d'un cauchemar à trois du matin, et apprend-il que durant la nuit une personne proche est décédée à cette même heure (cf. plus loin) ? Pour les adeptes de la synchronistique, il n'y a dans ces coïncidences aucun hasard. Ces convergences de matière ont lieu parce qu'il a convergence des pensées. Gilbert Sinoué documente et explique la synchronistique dans son livre *Le petit livre des grandes coïncidences*. La discussion finale qu'il mène avec Marie-Laure Colonna est d'une grande clarté. Le passage de la théorie à la cosmologie est très bien illustré.

Sinoué et Colonna conviennent que la synchronistique ne peut pas prétendre devenir une science vraie, car elle prend pour objet d'étude des phénomènes irréguliers, rares et qui ne se répètent pas. Les coïncidences ne sont pas reproductibles en laboratoire. Pour autant ces deux personnes voient un ordre caché, ou un principe organisateur caché, à l'œuvre derrière ces phénomènes, et ils accordent une certaine scientificité à cette explication. Mais cette explication, en apparence simple et solide, n'est pas vraiment rigoureuse : il existe une loi dite loi des grands nombres, scientifiquement admise, qui rend compte des coïncidences rapportées par Sinoué... Cette loi nous dit que, étant donné le nombre colossal d'évènements qui se produisent à chaque seconde sur la planète, statistiquement, les coïncidences sont inévitables. Tout simplement. Quand un nombre quasi infini d'évènements se produisent en un même temps ou en même lieu, il y a inévitablement, au niveau des individus acteurs de ces événements, des convergences, des divergences, des circonvolutions chaotiques, des circonvolutions ordonnées. Attirances, répulsions, indifférences et échelles différentes font qu'en ce lieu et en ce temps ne règne pas un hasard total, mais pas non plus un ordre total. Il n'y a là rien de mystérieux. *Mais* si vous réduisez arbitrairement le nombre d'évènements que vous prenez en considération, ces coïncidences positives ou négatives semblent d'origine mystérieuse !

Imaginons une route qualifiée de dangereuse. Tous les lundis matin, un accident s'y produit, toujours de type collision frontale. La synchronistique expliquerait cela par l'état d'esprit de certains conducteurs : les conducteurs qui auraient un état d'esprit similairement morbide, en se croisant sur la route, ne pourraient que se rentrer dedans. Hélas, la synchronistique se détourne, sans raison valable, des autres phénomènes : tous les conducteurs qui se croisent sans jamais se caramboler, et tous les conducteurs qui en se croisant dévient non pas vers le milieu de la chaussée mais vers les bords de la chaussée. Statistiquement, tous les types de comportement se manifestent dès que la fréquentation de la route est importante.

Réfuter la synchronistique n'est pas simple. Tous les évènements de rencontre, de divergence, de parallélisme (par exemple des vies similaires) et de non-rencontre (par exemple deux personnes dont les vies ne sont reliées en aucune façon) peuvent être interprétés comme étant le fruit du hasard selon la loi des grands nombres. Ou bien comme étant le fruit d'une « supra-loi » organisatrice de l'univers. Cette idée de supra-loi est irréfutable.

Plus précisément cette loi peut être un pur principe ou une équation (telle la relativité générale qui régit l'espace-temps). Ou bien elle peut être « écrite » par un être conscient : un nouveau Dieu unique – ou le bon vieux Dieu qui nous est familier. On ne peut pas savoir si c'est un pur principe ou Dieu.

Il faut noter que certains scientifiques, de vrais scientifiques tel Thrin Xuan Thuan, envisagent une quatrième explication : ni hasard, ni principe, ni Dieu mais le *point de départ* de l'univers. Ces scientifiques estiment que

- étant donné les conditions d'émergence de l'univers ;
- et étant donné la valeur des constantes physiques universelles ;
- la vie ne pouvait qu'apparaître, tôt ou tard, dans l'univers

Ces constantes physiques universelles déterminent les divergences, les convergences, les parallèles, les non-rencontres de la matière, depuis que l'univers existe. Cela est scientifiquement démontré. Et ces constantes sont in fine responsables des coïncidences que Gilbert Sinoué a recensées. Ces constantes auraient-elles été très légèrement différentes, la vie ne serait pas apparue, nous disent ces scientifiques.

Toutefois, l'affirmation que la valeur des constantes implique la vie est à la frontière de la science. Il suffit d'y adjoindre l'idée qu'une conscience (Dieu ?) a peut-être ajusté ces constantes pour basculer dans la religion.

La synchronistique est donc une curieuse pseudo-science, dont l'affirmation centrale est qu'il n'y a pas de hasard. On peut penser qu'une grande loi de l'univers régit toutes les coïncidences, de la rencontre de deux atomes à la rencontre de deux personnes qui vont s'aimer, ou se haïr. Dire que c'est une loi vous fait rester à la frontière de la spiritualité. Dire qu'une conscience a créé cette loi vous place dans la religion :

cela implique une nouvelle forme de Dieu unique. Ou vous pouvez dire qu'il n'y a ni loi ni Dieu, mais des constantes originelles dont les valeurs ne pouvaient qu'engendrer tôt ou tard la vie. Quelle explication est la bonne ? Et curieusement, si la synchronistique semble un peu puérile quand on ne prend en compte que des éléments de la vie quotidienne (voir trois chats, trois jours de suite, à trois heures de l'après-midi par exemple), elle devient de plus en plus sérieuse quand on l'envisage pour l'organisation de l'univers et pour l'apparition de la vie. Au point que des scientifiques s'y rallient. Pour les autres pseudo-sciences, c'est le contraire : certains points de détail sont scientifiquement vrais (car le pseudo-scientifique les emprunte à la science confirmée), mais les théories explicatives et les cosmologies ne sont pas du tout considérées comme plausibles par les vrais scientifiques.

On me rétorquera que Thrin Xuan Thuan a été membre de l'Université Interdisciplinaire de Paris, université qui n'en est pas une, qui est le relais en France de l'intelligent design...

Au fond, la synchronistique est sans enjeu : vraie ou pas, nous ne pouvons qu'observer. Nous ne sommes pas en mesure de manipuler les constantes de l'univers ! Penser que seul le hasard régit l'univers, ou un principe organisateur, ou des principes innombrables de convergence avec des principes innombrables de divergence (encore une autre explication possible), « ça ne mange pas de pain », comme aurait dit Nestor Burma !

Et l'utilité pour la grande question du sens de la vie ? La synchronistique dispose aussi d'un versant « social ». Celles et ceux qui ne croient pas que les coïncidences soient régies par le hasard, nous laissent entendre que les personnes que l'on rencontre ont une signification dans notre vie. On les rencontre parce qu'on a besoin de les rencontrer, m'a-t-on dit. Que ce soient des personnes qui nous veulent du bien ou qui nous veulent du mal. Elles sont des incitations et des aides pour évoluer : c'est la grande loi de la vie qui les mets sur notre chemin.

Mais l'explication est peut-être plus simple ? Ne suffit-il pas qu'on décide de prendre en main notre vie ? À partir de cette décision découle la volonté de rencontrer telle ou telle personne, me semble-t-il.

Il est impossible de réfuter la synchronistique, car on ne dispose pas des moyens techniques pour prouver que cette loi universelle existe ou non. Mais on peut affirmer que la synchronistique peut déresponsabiliser. Vous êtes ainsi, avec vos maladies, avec vos amis, avec vos ennemis ? C'est la faute à la grande loi de la vie. Ou aux constantes universelles. Pour le chercheur du sens de la vie, il est impossible de s'arrêter sur une telle conception déresponsabilisante.

Oui mais – encore une contre-argumentation possible – être sur le chemin pour trouver une réponse au pourquoi de la vie ne dépend pas de notre volonté, pourrait-on rétorquer. C'est la grande loi de la vie qui vous a placé sur ce chemin. Et... on retrouve l'éternelle question du libre-arbitre. Et on peut réfléchir sans fin à ce sujet.

J'avoue que l'étude des pseudo-sciences m'a semblé sans fin. Mais rassurez-vous cher lecteur, ce livre comporte bel et bien une fin.

ET MAINTENANT, LA SCIENCE !

Avant d'étudier en détail un dernier cas de pseudo-science, le cas Nicolas Fraisse qui m'a décidé à écrire ce livre, il me faut vous présenter ce qu'est la science. Cela afin d'aider à reconnaître une pseudo-science, mais aussi pour aider à faire la différence entre science et quête de sens. Dans les chapitres précédents, mes critiques d'un point de vue scientifique à l'encontre des pseudo-sciences peuvent masquer la ligne de base de ce livre, qui est la ligne de la quête du sens de la vie. Prendre en considération la science fait partie de cette quête, mais la science n'est pas toute cette quête.

Ce chapitre comporte deux textes. Le premier est un document écrit en 2013 à l'attention de mes élèves de première et terminale S – j'étais alors maître auxiliaire, allant d'établissement en établissement pour faire des remplacements. C'est la présentation la plus claire que je puisse imaginer de la science. Ce texte fut également mis à disposition des étudiants en première année à l'université de Rennes, en 2014.

Le second texte est le récit de mon difficile parcours universitaire pour arriver à comprendre ce qu'est la science[33]. Car bien que je préférais la science à l'économie ou à la littérature, il m'a fallu longtemps – trop longtemps – pour comprendre ses méthodes et ses enjeux. Je m'en explique dans une lettre, qui fait partie du texte, adressée à un maître de conférence dont j'avais suivi les cours et les travaux dirigés en licence et en maîtrise. Ce second texte vous montrera que je ne mets pas la science sur un piédestal ; j'ai essayé la comprendre du mieux possible, et pour cela depuis mon DEA

---

33 J'ai publié ces deux textes dans l'ordre contraire dans mon livre NAGESI, BoD, 2015.

d'histoire et de sociologie des sciences j'ai eu à cœur de mettre en lumière ses limites. La science qui ne veut pas admettre de limite s'appelle le scientisme : c'est une idéologie néfaste.

Avec ces deux textes, le lecteur scientifique averti pourra juger de ma compréhension de la science. Elle sera peut-être à ses yeux incomplète et erronée, et j'accepterai ces jugements parce que je sais que je ne suis pas un scientifique « pur et dur ». La science n'est pour moi qu'un moyen, qu'un outil, quand le vrai scientifique y consacre toute sa vie. Le vrai scientifique est un spécialiste dans l'âme, moi je suis un généraliste. Je cherche la vision globale et la compréhension des interactions. Je ne peux pas me consacrer à une seule et unique activité, c'est pour cela qu'aujourd'hui je suis maraîcher du printemps à l'automne et écrivain en hiver !

VOUS AVEZ DIT « SCIENCES NATURELLES » ?

Une présentation de la science à l'attention des premières S et des terminales S, février 2013.

Les scientifiques sont un symbole de notre société moderne

Science, sciences naturelles, recherche, recherche scientifique, recherches académiques, désignent la même chose : une communauté de personnes qui s'active intellectuellement et techniquement pour décrire et expliquer la réalité, dans la plus grande objectivité et universalité possible.

Qui ne connaît pas Albert Einstein ? Au début du xxe siècle il fut plus admiré que les acteurs de cinéma. Avec le fameux cliché où il tire la langue, il semble vouloir nous dire que l'étude des phénomènes naturels est une activité compliquée … mais qui procure assurément de la joie de vivre.

Toutes compliquées qu'elles soient, les sciences naturelles peuvent être définies ainsi : **faire des sciences naturelles, c'est trouver, décrire et expliquer les phénomènes naturels**. Du jeune homme ou de la jeune femme qui découvre les sciences de la vie et de la terre, c'est-à-dire vous, jusqu'au chercheur à la veille de sa retraite, les scientifiques partagent tous cet « état d'esprit » et cette volonté.

D'ailleurs les scientifiques ne sont pas toujours de vieux « hiboux » aux cheveux hirsutes et aux épaisses lunettes. Ils ou elles ont aussi été jeunes, car la science est une véritable aventure humaine, dans laquelle la curiosité et l'imagination de la jeunesse peuvent pleinement s'exprimer !

La biologie et la géologie sont des sciences naturelles tout comme la chimie et la physique. Elles ont toutes de nombreuses sous-disciplines ; ainsi pour la biologie :

- l'anatomie ;
- la génétique ;
- la physiologie ;
- l'éthologie ;
- l'écologie ;
- la systématique ;
- et d'autres encore qui naissent continuellement (par exemple l'épigénétique et les sciences cognitives).

Au lycée, en filière scientifique, comment fait-on pour vous « mettre dans le bain » des sciences naturelles ?

Vos enseignants vous transmettent des connaissances scientifiques. Avoir de telles connaissances signifie :

- savoir que certains phénomènes naturels existent ;
- savoir les décrire ;
- savoir les expliquer.

« Décrire », c'est-à-dire ? C'est-à-dire identifier les éléments qui composent le phénomène naturel.

« Expliquer », c'est-à-dire ? C'est-à-dire identifier les relations qui existent entre ces éléments.

On vous transmet aussi comment utiliser ces connaissances, lors des travaux dirigés et des travaux pratiques ... et on vous teste : mémoriser, comprendre et savoir utiliser les connaissances scientifiques sont les trois objectifs à atteindre lorsque vous préparez des examens.

Mais pourquoi faire de la science ?

Pour se « casser la tête » par plaisir ? Non, car même si cette motivation est ce qui vous pousse à résoudre un sudoku ou à jouer au go, elle serait trop faible pour mener à bien de longues études universitaires et concevoir des projets de recherche (qui nécessitent fréquemment une ou deux décennies de travail). Les scientifiques ont deux motivations existentielles :

1. Explorer l'univers ;
2. Résoudre des problèmes à la demande de la société.

Ce sont les deux nobles tâches de la science. La première constitue ce que l'on nomme la **recherche fondamentale**. Il s'agit de partir à la recherche de phénomènes naturels inconnus, de les trouver (et ce n'est pas facile de trouver quelque chose que l'on ne connaît pas), et de trouver le « principe d'ordre » (une loi, une théorie) qui les régit (c'est-à-dire pourquoi tel phénomène existe et pourquoi il se déroule de telle façon et pas autrement). Vous me suivez ? La seconde tâche constitue la **recherche appliquée**. Il s'agit de concevoir des machines, des systèmes techniques, des procédés afin de répondre à des besoins (d'individus, d'entreprises, d'organismes publics). Ce type de recherche est le plus souvent effectué à la demande d'entreprises qui souhaitent concevoir des outils nouveaux ou toujours plus performants, afin de les proposer à leurs clients. C'est l'**innovation** : l'acquisition de connaissances scientifiques issues des découvertes les plus récentes, combinée à l'utilisation de technologies de pointe pour mettre en pratique ces connaissances, ce qui permet à une entreprise de prendre l'avantage sur ses concurrentes.

Rappelez-vous le contenu de la fiche récapitulative de cours, dans laquelle se retrouvent ces deux types de science :

- La problématique biologique : quel phénomène naturel peut être la cause de tel autre phénomène naturel ?
- La conclusion pratique : quelles techniques peuvent être conçues grâce à cette connaissance ?

Et les diplômes ?

Peut-on faire de la science sans diplôme ? La réponse est un clair « NON ! ». Le diplôme est la certification que vous possédez un certain nombre de connaissances scientifiques, plus ou moins détaillées, et que vous savez plus ou moins les utiliser, pour la recherche fondamentale ou appliquée.

Au cœur de la recherche fondamentale et appliquée, il y a l'**article scientifique**. C'est le média officiel par lequel les chercheurs communiquent entre eux les expérimentations qu'ils ont conçues et les résultats qu'ils ont obtenus. Pour être valides, les résultats doivent être confirmés par d'autres chercheurs, qui reproduiront dans leur laboratoire le dispositif expérimental initial.

La théorie testée, la méthode et le matériel utilisés, l'analyse des résultats, doivent être présentés très clairement et précisément. Les articles scientifiques ont donc une structure standardisée – ce qui permet l'échange d'idées entre chercheurs de tous les continents. Pour comprendre la structure des articles scientifiques, pouvoir les rédiger et les utiliser, au moins cinq années d'études sont nécessaires (bac +5 : master et ingénieur, bac +8 : docteur). Nature, Cell et Acta Biotheoretica sont trois exemples de revues scientifiques.

Vous préférez peut-être faire fonctionner des dispositifs expérimentaux, plutôt que de les concevoir ? Vous préférez mettre en application concrète des idées abstraites ? Ça tombe bien : les chercheurs ne peuvent pas travailler seuls. Ils ont toujours besoin de techniciens spécialisés (bac+2 et +3), qui auront le talent d'assembler les dispositifs expérimentaux les plus variés, que ce soit d'établir des conditions de croissance artificielles pour un élevage d'algues en laboratoire, ou d'établir des surfaces captantes dans les récifs coralliens de Nouvelle-Calédonie pour mesurer la dispersion des polypes.

En fait, docteurs, professeurs, masters, ingénieurs et techniciens spécialisés ne s'éloignent jamais les uns des autres, car leurs activités sont interdépendantes :

Métier	Objectifs	Questions-clé
Docteurs et professeurs	Imaginer des théories quant à l'existence de certains phénomènes naturels, et imaginer des hypothèses pour tester ces théories.	Les résultats obtenus sont-ils ceux attendus ? Si non, le phénomène existe-t-il vraiment ? Quelles autres hypothèses seraient nécessaires ?
Masters et ingénieurs	Utiliser des théories confirmées pour concevoir des dispositifs expérimentaux.	Obtient-on des résultats ? Avec quelle fiabilité ?
Techniciens	Assembler des dispositifs expérimentaux, faire les mesures et recueillir les résultats.	Où obtenir le matériel nécessaire ? Comment procéder pour l'assembler ?

Voilà, vous en savez maintenant un peu plus sur les motivations scientifiques et les métiers de la science. À l'université ou en école d'ingénieur vous seront transmises des connaissances scientifiques abondantes et précises, ainsi que les techniques et méthodes les plus modernes.

Quelle que soit votre orientation future, n'hésitez pas à suivre cette maxime du bon sens scientifique :

« Avant d'agir il faut réfléchir ; avant de réfléchir il faut observer ! »

Conclusion

Je pense aujourd'hui (2015) à tous ces jeunes gens qui s'inscrivent à l'université. Cette inscription équivaut à la promesse d'être en mesure, diplôme en poche, de faire ce que notre société promet de mieux. Durant leurs études, ces jeunes gens vont écouter et observer ce qui se fait dans le « saint des saints » des sciences ... du moins c'est ce qu'on va leur faire croire. En fait, les portes de la science leur seront fermées dans 99,9 % des cas (Michel Houellebecq dans son roman *Soumission* a parfaitement su capter et retranscrire cette situation navrante). Au sortir de l'université, la redescente sur terre sera difficile pour les étudiants, avec perte de confiance et d'estime de soi du fait des inévitables années de chômage, au mieux de petits boulots qui vont s'ensuivre. J'entendis un jour à la radio un élu dire de tels diplômés que leurs connaissances ne seront pas inutiles : ils pourront en décorer originalement les paquets d'emballage pour fleurs ou pour croissants, car la société a bien besoin de fleuristes et de boulangers. Après les avoir trompés en leur faisant croire qu'il y a de nombreux emplois dans la science et dans la recherche et développement, notre société se moque d'eux. Voilà où mène la démagogie et le laxisme de la politique française d'éducation ! Peut-on imaginer que ces gens à qui l'on a menti auront une attitude bienveillante envers les élus qui acceptent cette situation navrante ? En ce qui me concerne, je pense que la cinquième république n'a plus la fierté de son éducation, elle n'a plus l'honnêteté de dire que tout le monde n'est pas fait pour l'université. Elle ne veut plus de la responsabilité qu'implique une telle déclaration. Or *responsabilité et autorité vont de pair* : la république ne veut ni l'une ni l'autre. Si la cinquième république n'a plus la force de porter des objectifs humanistes, ne faut-il pas la faire évoluer ? Ne faut-il pas destituer un instant des élus et des gouvernements de leur pouvoir, pour que le peuple fixe à nouveau les tenants et les aboutissants ? Ce peuple, qui maintenant est au chômage mais qui est si bien formé, qui a été « éclairé » à l'université, dispose du temps et des moyens nécessaires.

LE LEURRE DE PROMÉTHÉE

Les années d'études universitaires sont souvent considérées, avec les années entourant la naissance d'enfants, avec celles d'un emploi à responsabilité ou encore avec les premières années de retraite, comme faisant partie des meilleures années d'une vie. À certains égards je partage ce point de vue, d'autant que le temps nous invite à ne garder en mémoire que les bons souvenirs. J'ai tout à fait apprécié dans le même élan la liberté de la vie étudiante (maturité croissante, nouvelles rencontres et nouveau rythme d'apprentissage) ainsi bien sûr que la découverte de la science. Mais je vivais aussi ces années accompagné en permanence d'un sentiment désagréable de « décalage ». Après cinq années d'université je rendais mon mémoire de fin d'études, et il m'aura fallu dix années de plus pour faire toute la lumière sur ce sentiment qui m'a tout le temps accompagné. Je décidais alors d'en faire part à un de mes anciens maîtres de conférences, dans une lettre que je reproduis ici :

Le 12 août 2014
Cher Mr. E...,
Je suis venu vous rendre visite en mars dernier, pour parler du « bon vieux temps » et vous présenter mon dernier ouvrage sur l'élevage de ... Vous m'aviez présenté le projet de Mr. T..., basé sur l'utilisation de l'animal B... Mon ouvrage pourrait l'intéresser.

Je me permets de vous recontacter à propos d'un autre sujet. J'ai en effet compris, tout récemment, pourquoi je ne suis pas devenu un scientifique[34] (les choses les plus simples sont parfois les plus difficiles à comprendre).

Après ma maîtrise en écologie avec mention assez bien, n'étant accepté nulle part ailleurs pour poursuivre mes études, et tout de même content de cette possibilité, j'ai fait un DEA (diplôme d'étude approfondies) d'un an en histoire, sociologie et philosophie des sciences. J'ai pu enfin découvrir toute la place occupée par la science dans la société, ce qui pour l'écologie est tout de même de grande importance. Cependant, ce DEA ne m'a ouvert aucune porte supplémentaire en écologie ni en sciences sociales, alors je suis allé vendre des vélos, dans un premier temps.

Récemment, après plusieurs années d'un intérêt personnel pour la philosophie des sciences (depuis mon DEA), j'ai suivi les cours en ligne du professeur H... Theories and Methods of Research (théories et méthodes de la recherche, sur youtube.com). Et là j'ai pu faire le point sur ce que je n'arrivais pas à « saisir » durant mes études de biologie : le « jeu intellectuel » inhérent au désir de faire de la science.

Je me dois de vous adresser un reproche, mais ce reproche va sans exclusion à tous les enseignants de science que j'ai eu

---

[34] Pour moi un scientifique possède nécessairement un titre de docteur et travaille dans un laboratoire de recherche.

à l'université de T... (où j'ai fait mon DEUG) et à celles de R... Vous m'avez transmis plein de connaissances et de techniques. Je comprends que l'implication sociale des sciences naturelles est un thème d'enseignement *optionnel* pour vous. Mais je regrette que vous n'ayez pas transmis, et donc pas expliqué, ce qui amène une personne à faire de la science.

Bien-sûr, certains étudiants ont compris par eux-mêmes en quoi consiste l'intérêt de la science. Leurs résultats étaient très supérieurs à ceux de la majorité, même sans avoir à fournir plus de travail d'étude et de révision. Ils avaient compris la règle du jeu. Pour les autres, leur sort était scellé rapidement, jouant un jeu dont les maîtres ne leur donnait pas la règle centrale, à savoir pourquoi jouer.

Le nombre d'étudiants étant de plus en plus important, et les connaissances avant le bac baissant d'année en année (le pourquoi de ces évolutions est ici hors propos), il est tentant de faire une telle sélection passive.

À la ... Universität de H..., le cours du professeur H... est partie intégrante du master de plusieurs disciplines scientifiques. Mais ces explications rigoureuses et exhaustives sur le pourquoi des façons de penser scientifiques, devraient même être présentées en 1ère année d'université. Car sinon on se retrouve in fine le crâne bourré de connaissances théoriques et techniques, mais on est incapable de comprendre quelle peut être la demande scientifique (comme sociétale) pour de telles connaissances. On ne « voit » pas quand utiliser ces connaissances théoriques et technique ou comment les articuler. L'art de poser une problématique scientifique ne nous est pas enseigné !

Malgré cette lacune considérable – pour ne pas dire essentielle – dans ma formation, je ne suis pas devenu un idiot pour autant. J'enseigne (en 2012-2014) la biologie en lycée et collège, j'écris mon deuxième livre sur l'agriculture écologique, j'ai travaillé dans un laboratoire réputé. Mais je constate qu'à une époque de ma vie, s'il y avait eu des enseignements spécifiques sur le pourquoi de la science, ma vie à la date d'aujourd'hui pourrait être toute autre. S'il y a des enseignants, c'est parce qu'il y a de jeunes personnes qui ne peuvent pas tout découvrir par elles-mêmes. Ce ne sont pas des regrets que j'exprime là (c'est seulement si les voyages à travers le temps étaient possibles que les regrets auraient un sens). Je n'y peux rien changer. Faire ce constat, simplement, me fait du bien.

Bien-sûr, il vous appartient d'évaluer si ce genre de réflexion sur la science peut être incorporé dans le programme (scientifique) des cours. Ce genre d'enseignement implique une sélection, directe cette fois, des étudiants. Dans son cours, le professeur H..., à plusieurs moments-clé, le fait clairement savoir aux étudiants : « soit vous comprenez et appliquez cela et vous faites de la science, soit vous faites autre chose, mais ce n'est pas de la science. » De plus, dans le contexte social français actuel, les élus semblent peu préoccupés de former trop de chercheurs alors qu'on manque de bras dans bien des domaines (pour résumer très vite, on a bien trop de conseillers et il manque bien trop d'ouvriers et d'artisans). Plus il y a d'étudiants, plus les chiffres du chômage sont bas... Mais si vous en avez l'occasion informelle, demandez aux étudiants de master s'ils comprennent vraiment pourquoi et comment la science doit être pratiquée. Moi, en maîtrise, j'aurai été bien gêné par une telle question.

Cordialement,

Je rajoute maintenant (2016) qu'en maîtrise, je n'aurai pas su répondre à cette question. Je me demande donc pourquoi on m'a laissé faire des études si je n'en étais pas apte, car ne pas pouvoir répondre à cette question, si proche de la fin des études, est un signe d'échec par manque de travail personnel, sinon d'inadéquation personnelle à la démarche scientifique. C'est cela la cause du sentiment de décalage qui m'accompagnait : on m'a autorisé à faire des études supérieures, mais avais-je seulement les connaissances et la tournure d'esprit nécessaires pour les démarrer ? J'ai toujours eu du mal à comprendre comment s'articulent entre elles les connaissances scientifiques et comment les scientifiques les construisent – aujourd'hui j'ai les mots pour exprimer cela, mais à l'époque je ne ressentais qu'un malaise constant ! Ce malaise faisait que je n'arrivais pas à me sentir à l'aise et à ma place dans les salles de science ; mais les sciences naturelles étaient pourtant les disciplines dont je me sentais le plus proche. Je ne pouvais pas être le seul dans cette situation : en première année j'avais dû faire, comme tous les étudiants, de nombreux efforts pour passer les deux premiers mois obligatoires de « remise à niveau ». Avons-nous tous été leurrés ? Ou bien cette démagogie continue-t-elle ?

Le manque de connaissances factuelles et de façons de penser adéquates pour faire de la science trouve, selon moi, son origine dans les années de lycée. Dès ces années mon malaise vis-à-vis de la science s'est mis en place. Il m'a fallu une dizaine d'années, après la fin de mes études, pour en identifier la cause. La cause en est une conception dévoyée de la science qui naquit dans mon esprit, et ne fût pas identifiée et corrigée par les enseignants au lycée. Dois-je leur en vouloir pour cela ? Personne n'est parfait, ni les enseignants, ni ses propres parents. Constatons, acceptons, remédions (il n'est jamais trop tard) et passons à autre chose...

Au lycée, j'avais le sentiment que j'étais tout à fait incapable de produire moi-même une de ces connaissances scientifiques qu'on m'enseignait. Je me sentais intellectuellement impuissant en face de ces scientifiques, ces hommes et femmes de génie qui pouvait imaginer des théories profondes et particulièrement complexes sur la composition du noyau atomique, de la galaxie ou du cerveau. Ils pouvaient « lever le voile » de la réalité, ou encore se hisser au-delà de la nature humaine, pour aller voir et ramener au commun des mortels des éléments de vérité atemporelle. Untel pensait l'évolution géologique de la Terre, un autre pensait l'évolution des espèces animales, celui-ci concevait les systèmes hormonaux et génitaux, un autre dévoilait les gènes... Que d'intelligence, d'observation, de mémoire, pour penser la Nature sans se tromper ! Je mettais la science et les scientifiques sur un piédestal quasi-miraculeux, d'une part pour les connaissances produites par elle, d'autre part par la manière inimitable dont les scientifiques faisaient émerger ces connaissances. Je ne comprenais pas que la connaissance scientifique se *construit* : cette prise de conscience fut suscitée uniquement durant ma dernière année d'étude, en histoire et sociologie des sciences, donc après quatre années d'études en biologie et deux années de lycée scientifique ! Durant cette dernière année, je fus enfin initié à la réalité du travail scientifique : je compris qu'une théorie n'est jamais imaginée de but en blanc. C'est tout un travail d'aller-retours entre les expérimentations et les hypothèses. Les théories se construisent progressivement, suite parfois à des résultats expérimentaux inattendus. Les erreurs sont nombreuses – mais indispensables, et les réussites sont comme des aiguilles dans une meule de foin. Les théories sont proposées, testées, rabibochées, abandonnées, reprises, repensées de fond en comble, re-testées, et, pour une minorité d'entre elles, validées par la communauté scientifique puis enseignées dans les universités, les lycées, les collèges. Elles sont toujours l'œuvre d'une communauté de chercheurs, jamais d'un seul individu. Et les tiroirs des laboratoires débordent de théories bancales ou qui ne servent à rien ; elles y resteront peut-être pour toujours. Les scientifiques sont des êtres humains comme les autres, ils ne disposent ni d'un troisième œil ni d'un second cerveau. Ils font des erreurs. Ouf !

Il me fallut dix années supplémentaires pour faire le lien entre ce sentiment de décalage et mes difficultés par la suite à trouver un emploi dans la science. Ce furent dix années de recherche personnelle autour de la méthode scientifique, par des lectures nombreuses, par des réflexions sur la place de la science, par des tentatives d'écriture (un projet conçu mais non réalisé sur l'intégration culturelle des rencontres entre scientifiques et bouddhistes), tout cela un peu comme une recherche en aveugle. Je savais que, même une fois le diplôme final en poche, je devais continuer à chercher, à faire des lectures et des réflexions, à en apprendre toujours plus sur la science, pour comprendre ce qui fait le cœur de l'activité scientifique. Pour parvenir à comprendre que la *rationalité*, la *créativité*, le *désir d'exploration* constituent le cœur de l'activité scientifique. Ce furent des années intéressantes parce que je pouvais étudier la science à ma façon. Mais ce furent des années stressantes parce que je savais que ma compréhension de la science était incomplète, et durant les quatre années qui suivaient la fin de mes études, cela m'ôtait toute confiance en moi pour chercher un travail en laboratoire. C'étaient des années de doute profond, avec de longues période de chômage. J'ai même deux ans durant renoncé à tout ce que j'avais appris, pour travailler comme vendeur de vélo !

Aujourd'hui, après avoir travaillé plusieurs années en laboratoire, après avoir moi-même enseigné la science (la biologie), après donc m'être prouvé à moi-même que je sais ce qu'est la science et que j'ai les moyens (intellectuels) de la pratiquer, je me questionne sur l'utilité de ces années de doute. Est-ce que je me suis trouvé grâce à elles ? Obsédé par la science, mais d'abord rejeté par elle (deux années post-étude de recherche d'emploi qui n'ont rien donné : refus systématique de mes candidatures pour cause de manque d'expérience, puis abandon total pendant deux ans de l'espoir d'exercer un métier en lien avec mes études), puis enfin accepté, puis je la quitte pour l'enseigner, et enfin je quitte même l'enseignement des sciences. Cette trajectoire de rapprochement puis d'éloignement n'est pas due aux aléas de la vie. La raison en est toute simple : je sais désormais que je ne possède pas un des éléments essentiels à la science, le désir d'explorer. Je ne peux pas être un scientifique parce que je ne suis pas obsédé par tel ou tel phénomène naturel imparfaitement connu. Je ne suis pas obsédé, par exemple, par les molécules de la membrane des bactéries qui vivent dans le gips. Par la fréquence d'émission de telle étoile de telle galaxie. Par le comportement des atomes à très basse température. Je n'ai pas cette attraction instinctive qui, par exemple, poussait Darwin à documenter une quantité prodigieuse d'observations jusqu'à mettre en lumière des détails infimes, mais qui se révèlaient être des points de levier pour faire basculer une théorie admise dans l'oubli et la remplacer par une nouvelle. Pour faire des découvertes, il faut s'y consacrer entièrement, et pour cela je n'ai pas l'énergie suffisante. Pour le dire avec mes mots d'aujourd'hui : je n'ai jamais couru après le « fait-problème ». Je ne vais tout de même pas me forcer ! Des scientifiques expérimentés pourraient me rétorquer que je continue à idéaliser la science, car bien sûr ce qui est idéalisé ne peut pas être atteint. Oui, je sais aussi que bien des scientifiques vivent leur métier comme un fonctionnaire vit le sien : sans passion, sans espoir de faire une découverte importante, pour assurer le quotidien. Une science « alimentaire ». J'en ai rencontré beaucoup de ces chercheurs, qui enseignent à l'université. J'ai eu un avant-goût de la recherche fondamentale et cela m'a suffi. La science des génies ne m'est pas accessible et je n'en ai pas les tripes. Et la science « alimentaire » ne m'intéresse pas. Je n'ai pas eu d'autre choix que de quitter la science. Agroécologie, jardinage, écriture, me voilà ! Et j'arrive avec un bagage scientifique certes incomplet (pas de désir inné d'explorer), mais qui comporte toute de même de la rationalité et quelques méthodes pour être créatif...

Toutefois, je me suis résolu à ne pas accepter sans rien dire la démagogie de l'enseignement des sciences en France, qui se résume à la méthode de la piscine : on jette tout le monde à l'eau, et on verra bien lesquels sont assez intelligents pour apprendre à nager. C'est-à-dire qu'on ouvre les universités à tout le monde, mais qu'on n'explique pas le cœur de la science, afin de faire une sélection des étudiants selon leurs capacités intellectuelles innées[35]. Ceux qui par leur intellect inné ont compris ce qu'est la science (depuis le lycée), et qui sont un peu bosseurs, survoleront les enseignements. Les autres échoueront inévitablement, même s'ils bossent sans relâche. Ils obtiendront certes un diplôme, mais diplôme et mention ne signifient plus rien : les étudiants qui ont compris ce qu'est la science disposent d'autres moyens pour convaincre les professeurs qu'ils sont aptes à faire une thèse, et pour convaincre les employeurs ! Allez, je vous donne ces secrets qui ouvrent les portes. Ils ont compris que les connaissances scientifiques n'ont de valeur que, d'une part, selon la façon dont elles s'insèrent dans l'histoire de la discipline, et d'autre part selon la façon dont en même temps elles prennent position dans les controverses scientifiques actuelles. Ces étudiants comprennent que les connaissances qu'on leur enseigne sont dépassées (non pas inutiles mais sans intérêt car décou-

---

35 Ce que les lois de l'éducation interdisent, les lois de gauche notamment. Mais, comme on dit, « chassez le naturel, il revient au galop ». Je veux dire par là que les politiques sont bien idiots de croire qu'ils peuvent imposer aux scientifiques les critères selon lesquels un individu a des aptitudes scientifiques ou non. Les scientifiques définissent eux-mêmes leurs critères de qualité, et il est évident que tous les individus ne sont pas égaux : on n'a pas tous la même mémoire, la même vitesse de compréhension, les mêmes capacités d'observation, les mêmes capacités à utiliser la logique, toutes choses égales par ailleurs (qualité des enseignements reçus, milieu familial et social).

vertes depuis longtemps déjà) et que pour faire valoir leur aptitude ils savent qu'ils doivent être en mesure d'expliquer les controverses passées qui ont permis à ces connaissances d'être unanimement acceptées, et de montrer qu'ils sont capables d'identifier les controverses actuelles, leurs tenants, leurs aboutissants et leurs acteurs (noms des chercheurs, des laboratoires, des entreprises). À ces impétrants on ouvrira tout grand la porte du temple (du savoir). Aux autres étudiants qui n'ont pas cette hauteur de vue, cette compréhension élargie, on ne dit rien, on se contente de leur donner un diplôme. Une démagogie silencieuse, que l'on ne pense pas possible de la part de chercheurs, qui sont des gens si intelligents !

La méthode de la piscine arrange bien les politiques, car elle fait diminuer les chiffres du chômage ! Les usines et les bureaux d'ingénieurs sont vides, mais les universités sont pleines. Glorieuse politique... Je suis pour une restructuration de l'enseignement. Il faut replacer des filtres de sélection. Le mammouth étant déjà momifié, le faire bouger est impossible. Je me contente donc d'apporter une modeste pierre : le texte rédigé à l'attention des lycéens en section scientifique. Le maître de conférence accepta de le transmettre au service d'accueil des étudiants scientifiques de 1ère année.

Pour résumer : même si j'ai eu bien du mal à comprendre de quelles pièces elle se compose, la science fut ma maison. J'apprécie encore de la contempler et d'y séjourner de temps et temps. Mais pour moi, ce n'est pas dans cette maison que se trouve *ma* vérité. Et si je séjourne aussi de temps en temps dans la maison des pseudo-sciences, je n'y trouve pas non plus ma vérité. Je veux croire que mon regard sur les pseudo-sciences est ainsi plus objectif, plus large, que le regard des scientifiques sur la maison des pseudo-sciences, si eux-mêmes ne quittent jamais la leur.

LE CAS NICOLAS FRAISSE

L'INÉVITABLE QUESTION

L'esprit peut-il se détacher du corps ? Imaginons. Une personne s'allonge sur son lit, elle entre dans un état intermédiaire entre l'éveil et le sommeil. Et elle – son esprit – va faire un tour dans la pièce d'à côté. Ou dans une autre ville, voire dans une autre galaxie. Puis l'esprit réintègre le corps – elle réintègre son corps. Et elle se souvient de ce qu'elle a vu et entendu dans cet autre pièce ou dans cette autre ville, alors qu'elle n'était que pur esprit, sans oreille, sans yeux, sans mains, sans nez. Elle ramène de ce « voyage » des souvenirs, des connaissances.

Imaginons cela possible, et incrémentons notre imagination : l'esprit pouvant quitter son support matériel, peut-il alors « aller » dans un autre corps, plus précisément dans la tête de quelqu'un d'autre, pour y lire ses pensées, pour vivre la vie de son hôte et même en prendre le contrôle ?

Cela implique que, en tant que pur esprit, l'espace et la matière n'ont pas la consistance et la résistance qu'on leur connaît avec notre corps.

Incrémentons encore notre imagination : si l'espace et la matière perdent les caractéristiques qu'on leur connaît, pourquoi n'en irait-il pas de même avec le temps ? Peut-on savoir ce qui va se produire dans le futur quand notre esprit quitte notre corps ? Si matière et esprit ne sont plus inséparables, qu'est-ce qui devient possible ?

Voilà des questions auxquelles les occidentaux rationnels que nous sommes devrions répondre par un catégorique « impossible » ! Mais si nous avions tort ? C'est tout l'enjeu du travail et du livre de Sylvie Dethiollaz et Claude Charles Fourrier, *Voyage aux confins de la conscience. Dix années d'exploration scientifique des sorties hors du corps. Le cas Nicolas Fraisse*, Guy Trédaniel, 2016. De prime abord, ce livre ne m'a pas attiré – j'y ai vu encore une pseudo-science, encore une, qui prétend prouver les pouvoirs extraordinaires de l'esprit, avec des scientifiques qui n'ont de scientifique que le titre, et encore ! Mais en constatant que le livre est préfacé par le très respectable Frédéric Legris[36], directeur de la revue *La Planète des Croyances*[37], docteur en sociologie des religions, mon opinion a changé. Je l'ai lu d'une traite. Posez-moi alors l'inévitable question : Est-ce que je crois à l'affirmation de Nicolas Fraisse, le sujet aux capacités mentales extraordinaires étudié par Dethiollaz et Fourrier, que l'esprit peut sortir du corps ? Que l'on peut aller voir volontairement et consciemment ce qui se passe dans la pièce à côté, dans un autre bâtiment, dans une autre ville, et « revenir » dans son corps. Autre question, implicite : est-ce que la méthode de Dethiollaz et Fourrier pour tester les propos de Nicolas Fraisse est valide ? Cette méthode est-elle scientifique ? En quel cas il ne serait pas question de croire ou de ne pas croire aux sorties hors du corps, mais d'accepter la réalité ou de nier la réalité. Mais merci de me poser cette question sur la fiabilité de la méthode de Dethiollaz et Fourrier. Certaines personnes auraient tout simplement pensé que je suis un idiot d'accorder du temps de lecture et de réflexion à propos des sorties hors du corps. Et d'autres personnes ne se seraient pas penchées sur cette méthode, la considérant de facto comme scientifique. La quête du sens de la vie est une fine ligne qui passe entre l'absence de curiosité et la crédulité ; l'étude du cas Nicolas Fraisse va nous le révéler une fois encore.

---

36 Nom modifié
37 Nom modifié

DÉPASSER LA DOCTE IGNORANCE TOUT EN LUI RESTANT FIDÈLE

Le livre de Dethiollaz et Fourrier m'a fait réfléchir ; c'est sa lecture qui m'a « obligé » à écrire le présent ouvrage. Je ne pouvais pas faire autrement que de faire le point sur ce que je comprends des pseudo-sciences et du « paranormal » (capacités extraordinaires de l'être humain et réalité absolue). Au fil des pages précédentes, vous avez compris que je me tiens toujours à une certaine distance de l' « extraordinaire », intéressé mais sceptique, préférant la posture de la docte ignorance qui me permet de faire des analyses riches d'enseignements, plutôt que d'adhérer à une pseudo-science, de croire à la réalité que les pseudo-sciences prétendent dévoiler. Avec la lecture de ce livre, je me suis aperçu que je ne peux pas me contenter de la posture de la docte ignorance, qui est une posture intellectuelle, où priment la raison et le doute légitime. Avec ce livre, et avec la conférence qui lui est associée[38], j'ai (re)compris que ce qui caractérise les pseudo-sciences, par rapport à la science, c'est leur forte composante de croyances et/ou d'émotions. Il y a, dans certaines pseudo-sciences, quelque chose qui est de l'ordre du religieux, du spirituel. Croyance dans une réalité absolue, dont notre réalité d'être humain n'est qu'une petite partie. Et cette croyance amène avec elle, ou bien est portée par, des émotions : l'espoir, l'attente (que « le monde change enfin »), la joie d'approcher de la Vérité, la joie de faire partie d'une élite et de se démarquer du reste de la population, la joie « d'avoir la confirmation que ». Croyances et émotions sont inséparables. *Il y a tellement de croyances et d'émotions dans les pseudo-sciences que leur répondre uniquement sur le plan de l'intellect ne suffit pas.* Je

---

[38] Conférence avec Dethiollaz, Fourrier, Legris et Fraisse lors du colloque « Conscience et invisible aux frontières de la vie », maison de mutualité, Paris, 4 et 5 février 2017.

dois donc aussi me positionner sur le plan de la croyance et de l'émotion, quand auparavant je ne les abordais que via le matérialisme scientifique.

En discutant avec des personnes qui sont convaincues par la véracité d'une pseudo-science, par ses méthodes comme par ses résultats, j'ai constaté que demeurer dans la posture du docte ignorant m'isole. Cette posture maintient une distance entre elles et moi. Et cela n'est pas agréable. Imaginez la discussion : Untel est convaincu d'une pseudo-science. Il parle avec untel qui est convaincu que c'est de la charlatanerie. Et untel troisième écoute les deux premiers échanger arguments et contre-arguments. Puis ce troisième déclare qu'il est impossible d'acquérir une certitude sur ces questions et qu'il faut se contenter d'avoir l'esprit ouvert, d'avoir l'esprit critique et d'accepter l'incertitude. Par rapport à ses deux interlocuteurs, que manque-t-il à ce docte ignorant ? Il lui manque l'engagement. Ou pour, ou contre. Le docte ignorant affirme que la docte ignorance est une position, au même titre que croire en la pseudo-science ou ne pas y croire. Difficile position ! Position qui ne peut être que temporaire, sous peine de devenir lâcheté[39]. Or le docte ignorant peut aller plus loin, sans se renier. Il peut garder sa posture intellectuelle, mais en s'engageant. Quoi ! me dîtes-vous. Le docte ignorant va descendre de son perchoir pour faire un choix, pour affirmer qu'il y croit ou qu'il n'y croit pas ? Ni l'un ni l'autre : il y a une autre façon de s'engager que de croire ou de ne pas croire. Dans le cas présent, où il est question de l'étude scientifique des sorties hors du corps, voilà ce que je dis :

---

39 La vie est engagement, nécessairement. Un temps de réflexion est également nécessaire, et aucun engagement n'est définitif. Mais in fine nous devons tous prendre des décisions. Celui qui refuse de s'engager ne s'ouvre pas d'opportunités pour construire sa vie. Ce qui ne signifie pas que les seuls choix existants sont ceux qui existent au préalable et/ou qui sont évidents, nuance !

1. j'admets que les sorties hors du corps sont possibles en théorie ;
2. j'en serai convaincu quand j'en aurai moi-même vécu une ;
3. l'étude « scientifique » des sorties hors du corps, la « noétique », est une erreur, erreur sur la forme comme sur le fond. C'est une pseudo-science, ses résultats ne valent rien[40].

Dire cela est-il mieux que le sempiternel et matérialiste « moi je ne crois que ce que je vois » ? Il me semble que oui, car lâcher cette expression « moi je ne crois que ce que je vois » sert en général à éviter de faire l'effort de se poser des questions. À éviter de réfléchir sur le phénomène que la pseudo-science prétend révéler et sur la pseudo-science en elle-même (ses méthodes, ses résultats). Alors que moi je me tourne vers la pseudo-science, je l'analyse, je réfléchis et pour finir seulement je la juge. Je vous affirme maintenant que la méthode de Dethiollaz et Fourrier n'est pas scientifique ; je m'expliquerai par la suite. Je vous affirme maintenant que je ne *veux pas* croire : soit les sorties hors du corps sont une idée, soit elles sont une réalité. J'expliquerai.

Voici donc mon analyse du livre de Dethiollaz et Fourrier et de la conférence associée.

ANALYSE DES RÉSULTATS DE LA MÉTHODE NOÉTIQUE

La discipline dans laquelle s'inscrivent Dethiollaz et Fourrier se nomme la noétique : cette discipline a pour objet d'étude les capacités extraordinaires de l'esprit. La méthode noétique se veut matérialiste, afin de se distinguer nettement de la méthode théologique, traditionnellement utilisée pour

---

[40] Et on verra plus loin que même une autre pseudo-science confirme que cette prétention scientifique n'a pas lieu d'être !

aborder ces phénomènes. Vous trouverez en annexe une définition détaillée de la noétique.

Dans le travail de Dethiollaz et Fourrier, je distingue trois niveaux de réflexion et donc trois niveaux de résultats. Le premier est un niveau technique, un niveau de méthode : il s'agit de parvenir à élaborer des tests qui permettent de prouver que les sorties hors du corps ont bien lieu. Il faut parvenir à *différencier* l'état de conscience dans le corps et l'état de corps sans conscience. Un état qui n'est ni la mort ni le rêve ni le coma. L'esprit est-il dans le corps ? L'esprit est-il sorti du corps ? Le second niveau est psychologique : il s'agit pour les auteurs d'accompagner et d'étudier la personne-sujet d'un point de vue psychologique, afin de parvenir à déclencher à volonté des sorties hors du corps, et ce sous le regard inquisiteur des observateurs. Le troisième niveau est le niveau du phénomène en question : la sortie hors du corps telle que vécue, telle que racontée par Nicolas Fraisse et les sujets ayant des capacités approchantes. Comment le sujet se déplace-t-il « sans corps », quelles sont les couleurs et les formes qu'il « ressent », comment sont vécus le temps et l'espace, etc. ? Il est évident que si Dethiollaz et Fourrier ont écrit ce livre, c'est parce qu'ils ont obtenu des résultats positifs à chacun de ces trois niveaux de questionnement – du moins le pensent-ils.

Je ne vais pas présenter ici tous les résultats de tous les tests réalisés. Dethiollaz et Fourrier indiquent que certains tests sont mineurs et que d'autres sont décisifs. Je me contenterai donc d'évaluer ces derniers, qui sont censés prouver « noir sur blanc » que sortie du corps il y a.

Commençons par analyser le premier constat auquel parviennent les chercheurs : l'importance de l'état psychologique du sujet. Durant les dix années d'étude de Nicolas Fraisse, sujet de premier plan aux capacités les plus développées et les mieux contrôlées, il s'est avéré que l'état émotionnel joue une grande importance sur la fréquence des sorties hors du corps. L'étude de sujets de second plan, moins aptes à faire et surtout à contrôler le moment de sortie hors du corps, va dans le même sens. Dans un contexte professionnellement tendu ou dans un contexte de relations amoureuses tendues, par exemple, Nicolas Fraisse ne fait quasiment pas de sorties hors du corps. De même lors des premières séances de tests, qui se révélaient être trop stressantes pour lui.

Ce constat est un premier résultat d'étude qui est plausible ; après tout, un sportif de haut niveau qui n'est pas mentalement serein ne parvient pas à faire de bonnes performances physiques. Pour les performances « extra-physiques », cela pourrait être similaire. La sérénité d'esprit pourrait être un facteur essentiel.

Toutefois, les conditions psychologiques sont souvent invoquées par les médiums et autres détenteurs de pouvoirs psy pour expliquer l'échec de leur « vision » ou de leur « contact ». Invoquer le stress est une vieille ficelle des charlatans, il faut en avoir conscience. Je concède à Fraisse le bénéfice du doute ; dans le meilleur des cas, c'est la preuve que la capacité de sortir hors de son corps n'est pas automatique comme le sont les capacités « normales » de notre corps, liées aux cinq sens et à l'intellect. Ainsi, « sortir du corps » ne serait pas du même ordre que bouger un muscle ou faire un mouvement, tout acte qui se réalise via la seule volonté de les faire. Bougez votre petit doigt : son mouvement se confond avec votre volonté de le faire bouger. C'est direct. Mais il est plausible que la séparation du corps et de l'esprit s'accompagne d'une dissolution de la volonté personnelle. Le déroulement du processus de sortie ne serait donc pas un acte contrôlable ; tout ce qu'on pourrait faire serait de se mettre dans un état d'esprit favorable à la sortie. Un peu comme un artiste qui ne décide pas du moment exact où son inspiration émerge, mais qui sait que certains états d'esprits, certaines préoccupations, rendent impossible une pulsion créatrice.

Le second résultat notoire enregistré par les chercheurs est le très faible nombre de personnes pouvant sortir hors de leur corps. Seul Nicolas Fraisse est capable, dans les limites exposées ci-dessus, de sortir hors de son corps quand il le souhaite. Petit à petit, après une période d'adaptation aux protocoles et aux lieux, ainsi qu'aux chercheurs, il y parviendra régulièrement lors des séances de test. Fraisse et quelques autres sujets les plus doués expliquent de façon très simple pourquoi si peu de personnes sont capables de sortir à volonté hors du corps : nous sommes en fait tous capables, disent-ils, de sortir de notre corps, nous sortons tous plus ou moins souvent chaque jour ou chaque semaine, mais nous ne nous en rappelons jamais. Nous confondons ces instants avec les rêves éveillés ou simplement avec notre imagination, ou, quand nous n'en gardons pas le souvenir, nous les interprétons comme de courts moments d'absence. Cette explication est parcimonieuse et en cela elle me convient : elle est bien mieux venue que l'explication par la mutation génétique, qui supposerait qu'il y aurait dans la population des mutants, rares, aux pouvoirs « psy » considérables. L'explication donnée par Fraisse est graduelle et similaire à la diversité biologique : nous serions tous plus ou moins capables de « sortir du corps » de même que nous sommes tous plus ou moins capables de performances physiques et intellectuelles remarquables. C'est une explication humble.

Troisième résultat : le résultat du test le plus décisif des dix années d'étude. Le principe du test est celui-ci : le sujet, dans la pièce A, doit deviner ce que représente « l'image cible », qui est placée dans une pièce adjacente B, séparée de celle où se trouve le sujet par un mur plein, matériellement infranchissable. C'est une procédure en « double aveugle » : les chercheurs eux-mêmes ne connaissent précisément pas les images avant la fin du test, pour éviter qu'ils n'influencent inconsciemment la décision du sujet – ou que celui-ci ne lise dans leurs pensées. Un huissier a cacheté une centaine d'enveloppes numérotées, avec dans chacune d'elles une image qu'il est seul à connaître. Le test peut alors démarrer. Les chercheurs sont dans la pièce A avec le sujet. Ils présentent un numéro au sujet, ainsi que quatre images, dont une seule est identique à celle contenue dans l'enveloppe cachetée par l'huissier. Le sujet doit indiquer l'image qui est contenue dans l'enveloppe située dans la pièce B. Voilà un test à priori « solide » : soit le sujet sort de son corps, traverse le mur, « voit » l'image dans l'enveloppe cachetée et indique, dans la pièce A, la même image parmi les quatre qui lui sont présentées. Soit il ne sort pas de son corps et il ne peut pas indiquer la bonne image, du moins il indique la bonne image avec un taux de réussite de 25 %, qui est le taux dû au hasard. Le test est répété cent fois.

Or, il se produit un imprévu : le sujet n'indiquera pas les images de la façon à laquelle on est en droit de s'attendre, c'est-à-dire en choisissant du doigt une image parmi les quatre qu'on lui présente. Non : il va, pour chaque numéro, réciter d'abord un texte ! Un texte dont le style littéraire est toujours agréable, semblable à une chanson ou un poème. Puis il va sélectionner l'image correspondant au mieux à ce texte. Pourquoi ces récitations de textes ? Fraisse explique que, une fois sorti de son corps, il n'a pas un contrôle total de son « être » : parfois si, parfois non. Il explique que dans cet état, le temps et l'espace se dissolvent et que, pour aider les humains à découvrir cette « réalité » aux dimensions complexes, une forme intelligente et capable de dialogue les accompagne. Une forme non-humaine. Pour le test, c'est cette forme qui lui fait dire des chansons, des poèmes et autres textes au style littéraire de bonne qualité. Et il se trouve qu'au texte récité correspond, plus ou moins clairement, une des quatre images, qui est l'image contenue dans l'enveloppe dans la pièce B.

Donc, strictement, Fraisse sort-il de son corps et « voit »-il les images situées dans des enveloppes cachetées et placées dans une autre pièce ? Non, strictement non. Car si cela se produisait ainsi, textes et poèmes n'auraient pas lieu d'être. Fraisse indiquerait sans détour l'image qu'il a vue dans la pièce B.

Un tel recours à l'expression littéraire ne serait certainement pas admis dans aucune forme de test scientifique sérieux. Mais les chercheurs, et Frédéric Legris, ont tout de même décidé de valider le résultat du test. Ce résultat, affirment-ils, permet de conclure que la sortie hors du corps est une réalité. Passer de la littérature à une conclusion scientifique n'est pas quelque chose de courant. Est-ce bien raisonnable ? Voici deux exemples de textes dictés à Fraisse par la forme non-humaine habitant la « réalité » et servant de guide aux humains « décorporés » :

> p. 55, test 37 : « Elle n'est pas des cieux, et pourtant elle vit. Au fond de la mer, son paradis, et pourtant, vous en faites un enfer ! ».
>
> p. 166, test 87 : « Un géant face à un cœur de glace qui avance sans s'en soucier, tragédie pour l'homme pauvre naufragé ».

À ces textes, énigmatiques, Fraisse choisira comme images correspondantes, respectivement, une étoile de mer et le titanic.

MON INTERPRÉTATION

Évaluation sur la forme

Je vais d'abord analyser la qualité de ce test. Premièrement, je pense que seul un numéro, ou une forme géométrique simple, aurait dû être présenté au sujet. En science, on doit toujours simplifier autant que possible la procédure de test : c'est le principe de *parcimonie*.

Le choix à faire parmi quatre images est inutile si les chercheurs avaient opté pour un chiffre ou une forme géométrique simple. Et pourquoi avoir proposé quatre images et non trois ou cent ? Avec cent images, le sujet aurait statistiquement eu un taux de réussite de 1 %, tandis qu'avec quatre images il a nécessairement un taux de réussite plus élevé : de 25 % (ce qui est plus susceptible d'impressionner un public profane que 1 %...). Pour moi, la décision de proposer un choix parmi des images démontre une méconnaissance des principes scientifiques de l'expérimentation. Est-ce une preuve de mauvaise volonté des chercheurs ? À ce stade de l'évaluation, je ne peux pas faire une telle supposition. Mais il est certains que le test aurait dû être plus simple, par exemple demander si les enveloppes sont vides ou non. Cela aurait suffi à prouver la sortie hors du corps et la visite de la pièce voisine. Lors de la conférence (cf. note p. 129), Dethiollaz explique que la méthode utilisée permet d'éviter que le sujet ne fournisse des descriptions incomplètes des images, résultats qui ne seraient alors ni positifs ni négatifs, donc inutilisables. Cela ne tient pas : il aurait été possible d'utiliser une image simple, une feuille monochromatique par exemple. Ou une feuille avec une forme géométrique facilement identifiable (cercle, triangle, etc.)

Deuxièmement, il est inexplicable que l'huissier n'ait pas cacheté une *enveloppe vide*. Une enveloppe ne contenant aucune image. Ou même deux ou cinq enveloppes vides. Et il aurait gardé cela pour lui, n'en informant même pas les chercheurs. Mais il ne l'a pas fait. Or ce raffinement du test aurait permis de dévoiler une supercherie – ou de prouver l'absence de supercherie ! C'est très dommage : la preuve de l'absence de supercherie aurait apporté un début de noblesse intellectuelle à cette toute récente discipline noétique. Et je pense que Frédéric Legris a perdu une partie de son autorité intellectuelle en cautionnant un test pas assez élaboré. Un test conçu par des personnes qui n'ont pas fait le maximum d'effort pour s'assurer de l'absence de supercherie. C'est très regrettable surtout pour Dethiollaz qui a un titre de docteur et qui ne peut pas ignorer comment réaliser une bonne expérimentation scientifique.

Troisièmement, je m'interroge sur le rôle de l'huissier. Un huissier est-il nécessaire pour *attester* du résultat d'une expérience scientifique ? Einstein a-t-il fait confirmer par un huissier les résultats des tests inventés pour éprouver ses théories ? Non. Du moins pas à ma connaissance. En général, en science on ne fait pas appel à un huissier. Logiquement, n'importe quelle personne qui ne connaît pas le sujet et les chercheurs aurait fait l'affaire pour mettre une image dans les enveloppes et les cacheter. Donc pourquoi un huissier ? Pour rendre officielle la sortie du corps – ou son impossibilité ? Pour impressionner un public profane ? Cela ne fait pas de sens : il aurait suffi qu'une autre équipe de chercheurs conduisent les mêmes tests et aboutissent aux mêmes résultats. Hélas – ou bien sûr –, il est possible que l'huissier soit un élément stratégique pour détourner l'attention de l'évaluateur et du lecteur. C'est une vieille ficelle qu'utilisent tous les magiciens : détourner l'attention sur un élément qui semble essentiel, alors qu'il ne l'est pas, afin de faire une petite manipulation ni vu ni connu. Pour moi la présence de l'huissier est superflue. Donc elle réduit encore la qualité scientifique du test.

Quatrièmement, les textes récités par le sujet sont beaux, mais pourquoi sont-ils énigmatiques ? L'entité non-humaine ne peut-elle pas s'exprimer simplement ? Ce sont les images qui donnent à Fraisse l'occasion de réciter ces textes ; un test avec enveloppe vide / enveloppe pleine n'aurait pas fourni l'occasion de faire ces récitations. Mais un test avec une enveloppe vide n'a pas été fait. Donc on ne pourra jamais le savoir.

Cinquièmement, les images étant dans des enveloppes cachetées, elles étaient donc dans le noir. Dans l'obscurité. Or dans l'obscurité les couleurs n'existent pas. Les chercheurs ont également fait des tests préalables où l'image à deviner était projetée dans la pièce voisine (sur un mur vraisemblablement). Se sont-ils posés la question de l'illumination ou non de l'image ? Plutôt qu'une image, pour exclure l'influence indéterminée de la lumière sur la vision quand on est « hors de son corps », comme écrit plus haut, des images monochromatiques, aux formes simples, ou des objets auraient pu être utilisés. Un cube, une sphère, etc. Fondamentalement, supposer que sortir hors de son corps pour voir ce qui passe dans des lieux éloignés, revient à supposer que les yeux ne sont pas nécessaires pour voir. Cela revient à tester ce que quelqu'un peut voir quand il n'a pas d'yeux. Voir sans ses yeux !

Le *contre-test* nécessaire serait de demander à des aveugles de naissance de rapporter ce qu'ils « voient » durant leurs sorties hors du corps. Voient-ils quelque chose ? Sans ce contre-test, c'est toute la logique de la « recherche noétique sur les sorties hors du corps » qui s'effondre. En toute honnêteté, je dois vous dire que ce n'est qu'au moment de rédiger cette évaluation que j'ai noté cette impossibilité : sans lumière, la vision est impossible. On ne saurait voir, donc on ne saurait décrire. Le monde nous apparaît tel qu'il est uniquement parce que nos yeux possèdent la structure qu'on leur connaît. Si Fraisse peut « voir » et « entendre » en état de sortie hors du corps, comme il l'affirme, alors que dans cet état il n'a ni yeux ni oreilles, il faut admettre que l'esprit est un « organe » sensoriel omnipotent à lui tout seul (je mets organe entre guillemets, car dans cet état il n'y a aucun substrat à l'esprit, qui est totalement immatériel). Bref, que l'esprit peut exister sans le corps, peut interagir avec le monde matériel alors qu'il ne possède aucune substance. Alors qu'il n'a pas d'existence concrète. L'esprit pourrait exister et agir sans le corps. Y croyez-vous ? Fraisse retourne le problème : il explique que c'est dans la forme humaine qu'il est difficile de percevoir le monde et de s'exprimer. Que l'esprit dans un corps n'est qu'un état particulier, temporaire, de la vie des esprits. Que nous percevons la réalité *malgré* notre corps, qui nous en déforme et nous en réduit l'accès. Essayons d'illustrer ces conceptions. Moi, je crois que le corps est comme la combinaison des astronautes : sans combinaison les astronautes ne peuvent pas vivre dans l'espace. De même sans corps l'esprit ne peut pas exister. Le corps est l'équivalent de la combinaison. Fraisse nous dit autre chose : que la combinaison est en fait une sorte de prison, avec de petites fenêtres, avec de petites ouvertures qui ne laissent rentrer et sortir que d'infimes éléments de la réalité. Bon ! Pourquoi pas ? Quelle conception est juste, quelle conception est fausse ?

Voilà donc cinq arguments *sur la forme* qui me font penser que Dethiollaz et Fourrier sont des pseudo-scientifiques. Leur méthode ne satisfait pas aux critères de rigueur scientifique : éléments superflus, indications indirectes, absence de contre-test. Moi-même qui ne fût qu'un petit scientifique, car en fin de compte je ne fus jamais qu'un technicien de laboratoire, je suis en mesure de démontrer que ce test est mal construit. Un chercheur expérimenté aurait de nombreux arguments supplémentaires pour démontrer que nous avons là une pseudo-science et non une science. Comme Dethiollaz le dit lors de la conférence de février 2017, il faut du courage pour faire connaître la noétique. Effectivement, il faut du courage pour communiquer les résultats d'un test mal construit !

Mais Dethiollaz et Fourrier sont-ils sincères ? Avons-nous affaire à une pseudo-science d'origine morale (cf. p.24) de type 1 ? Non. De type 2 ? Non. Dethiollaz a certes obtenu le titre de docteur, mais elle n'a pas travaillé comme chercheur. Elle n'est pas une scientifique. Elle n'a pas publié d'article scientifique après sa thèse en biologie moléculaire. De type 3 ? Oui. De type 4 ? Ces personne *paraissent* sincères, mais cela ne garantit en aucune façon leur probité. Lors de la conférence, on peut constater que la trame logique qui sous-tend les propos de Dethiollaz et Fourrier est relativement petite. Leurs explications restent superficielles, avec quelques auto-justifications.

Hélas, je dois rajouter un argument qui pénalise encore plus la crédibilité de la noétique. Dans leur livre, Dethiollaz et Fourrier relatent de nombreux résultats de tests mineurs, tests mineurs car Fraisse ne parviendra pas, durant ces séances, à sortir volontairement de son corps. Mais des sorties qu'il fait, Fraisse rapporte tout de même des descriptions précises : phrases, couleurs, sons, apparence des personnes et des lieux. Il est donc en mesure de voir précisément les images placées dans la pièce adjacente, et de les décrire précisément, et cela sans recourir à l'expression littéraire qu'un « guide » lui dicterait. Pour certains tests, pas de guide nécessaire ? Pour d'autres tests guide nécessaire ? Il n'y a là plus aucune logique dans ses propos... Des propos contradictoires qui ne peuvent en aucun cas être intégrés dans un processus d'explication scientifique.

Évaluation de la caution

Lors de la conférence, Frédéric Legris apporte sa caution à la noétique et au phénomène de sortie du corps. En début de conférence, il introduit le thème de la noétique, et je me suis interrogé sur cette introduction, qui n'est pas anodine. Legris introduit la noétique par la nécessité de chercher à expliquer ce qui paraît inexplicable. Il explique que la personne qui est tout de suite crédule, comme la personne qui tout de suite condamne la noétique, sont toutes deux dans l'erreur. Elles ne se comportent pas en philosophes. L'attitude philosophique devant des phénomènes étranges est le questionnement. Il faut chercher des réponses « y compris et en particulier dans le domaine de la science » dit-il. « Il faut interroger les témoignages de manière ouverte ». « Il y a peut-être une compréhension du réel plus complexe que le modèle actuel dominant ». Certes, cette attitude philosophique d'ouverture d'esprit est bienvenue. Encore faut-il l'appliquer et non pas seulement la prêcher. Legris prend ensuite les témoignages d'OBE (out of body experience – sortie hors du corps) pour des preuves, parce que ces témoignages sont nombreux, sur toute la planète et à toutes les époques. Il dit également qu'il est facile de décrédibiliser les personnes qui relatent ces expériences, en les moquant, en les traitant de folles. Et il s'arrête là. Il ne pose pas les questions que j'ai posées plus haut quant à la qualité de la méthode expérimentale noétique. Pourquoi ne pose-t-il pas ces questions ? Je ne vois qu'une explication : il est *a priori* convaincu que les sorties hors du corps sont une réalité. Est-ce là faire preuve d'objectivité philosophique ? Non. Je vais être méchant envers lui, mais pour quelqu'un qui dirige *La Planète des Croyances*, un journal d'étude du fait religieux, pouvait-on s'attendre à ce qu'il nie les phénomènes dont l'étude assure justement son emploi et son salaire ? S'il était objectif comme il le revendique, comme son titre de docteur le lui oblige, de par la nécessité d'étudier toutes les formes de spiritualité sans prendre parti, il aurait une méthode pour « séparer le bon grain de l'ivraie », pour reconnaître la science authentique de la science usurpée. Mais non, l'erreur est ailleurs, l'erreur c'est vous lecteur qui la faites. Vous vous trompez sur Frédéric Legris, car vous ignorez une chose : il est sociologue des religions. Il n'a *aucune* pratique de la méthode expérimentale en science naturelle. Il n'est pas un biologiste. C'est là le problème : Legris est totalement en dehors de son domaine de compétence ! Par exemple, il ne questionne pas l'utilisation d'images complexes (des photographies) plutôt que d'images simples ou d'objets, ce qui montre qu'il n'a pas le réflexe de la parcimonie. Quand on construit une expérimentation, il faut questionner et justifier tout, absolument tout le matériel utilisé et surtout toutes les façons de penser mises en œuvre. Un test ne doit comporter que les éléments indispensables. Tout superflu doit être banni. Sinon ce n'est pas de la science. Legris ne questionne pas l'expression littéraire, parfois inutile, parfois nécessaire. Pourquoi ne pose-t-il pas ces questions ?

Legris est très connu ; il avance sa renommée pour cautionner les travaux de Dethiollaz et Fourrier, ce qui n'est pas correct intellectuellement. Selon moi. Un sociologue n'a pas à cautionner le travail d'un chercheur en biologie moléculaire (qui est la discipline de Dethiollaz). Legris n'est pas à sa place.

Notez que Dethiollaz avance son titre de docteur en biologie moléculaire pour amener une caution scientifique à la noétique. Mais la biologie moléculaire n'intervient aucunement dans la méthode noétique. Pourquoi Dethiollaz fait-elle cela ? Selon moi, cette invocation est au mieux une erreur, au pire une arnaque. L'utilisation de titres sans rapport avec le domaine en question est une vieille ficelle des charlatans, et l'AFIS a mis en lumière à de multiples reprises cette technique d'usurpation scientifique.

L'honnêteté intellectuelle voudrait que la scientificité de la noétique s'établisse après coup, suite à la qualité des travaux de recherche menés. La reconnaissance se mérite...

Mais restons sur la caution apportée par Legris. Cette caution n'a pas de raison d'être. Je pense que pour Legris c'est une occasion de se montrer. Ou bien il s'est fait « avoir » par les deux « chercheurs » en noétique. C'est possible ! L'AFIS a aussi très bien montré comment les pseudo-scientifiques de l'intelligent design et du créationnisme piègent les honnêtes scientifiques, afin d'obtenir leur caution. Et ensuite les pseudo-scientifiques utilisent cette caution comme gage de sérieux face à d'autres publiques. Ou bien, s'il s'est fait avoir, c'est la preuve qu'il n'a pas lu le livre de Dethiollaz et Fourrier. Le pire serait que Legris ait conscience des lacunes scientifiques de la noétique et ne les dénonce pas, pour des raisons d'argent ou pour des raisons idéologiques (promouvoir la spiritualité coûte que coûte, quitte à prétendre se draper de la rigueur scientifique). Legris est quelqu'un de religieux, qui voit le monde à travers des lunettes de religieux. Il croit aux miracles, à l'extraordinaire[41]. En plus de ne pas avoir les compétences scientifiques adéquates, il lui manque l'objectivité, objectivité sans laquelle sa caution perd toute valeur.

Notez qu'on voit là la faiblesse inhérente à la position du sociologue. Le sociologue étudie un objet en s'abstenant de prendre parti pour ou contre, mais indirectement le choix de cet objet d'étude est déjà un parti pris. Ainsi, il suffit de lire *La Planète des Croyances*, ou les travaux des sociologues des religions, pour comprendre que parler des spiritualités, les expliquer, c'est inévitablement faire leur promotion. Comme

---

41 Ses romans à mystère à propos du mont Saint-Michel et de la parole de Jésus en sont la preuve.

expliqué en début d'ouvrage, je ne crois pas en l'objectivité de la sociologie – et des sciences économiques et politiques également. Dans la société, on est toujours engagé, car dans la société il n'y a rien qui ne soit pas pensé, voulu, décidé et fait par nous. Seule la Nature peut nous enseigner l'objectivité, nous enseigner « ce qui n'est pas nous ». Je crois que la Nature peut nous enseigner « ce qui n'est pas nous ». Si vous êtes déjà convaincus qu'il existe autre chose que l'être humain, une ou des autres formes d'existence qui pensent et qui ressentent et qui participent aux mouvements de l'univers, alors vous pouvez toujours affirmer que ces « autres êtres » sont responsables de ce que nous avons des difficultés à expliquer. Et non pas la Nature. Libre à vous de penser ainsi ! Mais vous êtes dans la religion, non plus dans la science.

Je crois qu'il faut se baser sur l'objectivité que nous amènent les sciences naturelles. Pour autant, je le sais bien, cette objectivité ne permet pas d'expliquer tout. Notamment elle ne permet d'expliquer des faits de société. C'est une erreur intellectuelle d'invoquer la science pour expliquer et prouver ... nos croyances. Et ce n'est pas parce que la science ne peut pas tout expliquer que c'en est la preuve de l'existence de Dieu ou d'une « ultra-réalité ». J'en arrive donc maintenant à mes critiques sur le fond.

Évaluation sur le fond

Sur la forme je désapprouve : la noétique ne peut pas être appelée science. C'est une pseudo-science. Mais sur le fond ma position est différente. J'écrivais en introduction que je ne croirais à l'affirmation de Nicolas Fraisse, et à toute autre affirmation similaire, que lorsque j'en aurais fait moi-même l'expérience. J'admets que la sortie hors du corps est *possible*. Pourquoi pas ? Pourquoi l'esprit ne serait-il pas emprisonné dans le corps le temps de quelques années terrestres ? Il est possible que la sortie hors du corps ne soit pas seulement la *sensation* de sortir hors du corps (sensation qui est scientifiquement expliquée). Mais je suis convaincu que l'étude « scientifique » de telles affirmations est une erreur.

Je viens d'expliquer pourquoi la « discipline scientifique » de Dethiollaz et Fourrier est une pseudo-science. Du moins telle que pratiquée par ces chercheurs[42]. Peut-être que d'autres pseudo-scientifiques en noétiques seraient plus sérieux. Mais maintenant, il me faut vous expliquer pourquoi je pense que vouloir étudier scientifiquement la possibilité de sortir hors de son corps est une ineptie.

Fraisse lui-même nous l'explique dans le livre : hors de son corps, le temps et l'espace n'ont plus les mêmes valeurs, les mêmes rapports. Hors du corps, l' « être » se meut dans un univers dont les lois ne sont pas les lois de la Nature que nous connaissons. La pensée elle-même n'est plus « conformée » à ses formes et dimensions qui nous sont familières en tant qu'être humain. Or la science n'est valide que dans le « cadre » de la Nature dans laquelle nous évoluons, faite de minéral, de végétal, d'animal, d'ondes électromagnétiques. Admettons pour un instant que cette Nature qui nous est immédiate n'est qu'une partie, sinon qu'un aspect, de l'univers. Alors notre logique, nos façons de penser, notre science, ne s'étendent pas au-delà de cette partie, de cet aspect, de l'univers qui nous est commun. Logiquement, si l'on postule l'existence d'une « ultra-réalité », dans laquelle Fraisse se déplacerait quand il quitte son corps, ultra-réalité dont notre réalité n'est qu'une partie, alors il est logique de penser que notre science ne peut pas expliquer cette ultra-réalité, cet « au-delà ». La science ne peut même pas seulement l'appréhender.

---

42 En annexe vous trouverez des éléments du site internet de l'institut ISSNOE à la date du 15 juillet 2017.

Cette ultra-réalité permettrait des « raccourcis » dans notre réalité : séparation corps-esprit, vision à distance (et autre capacités relatées dans le livre dont Fraisse se dit capable, telles que clair-voyance, clair-audience, lecture dans les pensées, précognition). Si cette ultra-réalité existe, il me semble plus logique d'y accéder uniquement « via soi-même », c'est-à-dire d'en faire l'expérience soi-même. Ce qui n'implique pas d'y croire, mais seulement d'avoir l'esprit ouvert...

Mais si nous voulions être catégoriquement certains, par la raison raisonnable et raisonnante, par la science « pure et dure », qu'une ultra-réalité existe, que devrions-nous faire comme test ? Comment prouver l'existence de cette ultra-réalité ? Oui, oui : on commence à s'arracher les cheveux ! La noétique ne peut pas prouver cette ultra-réalité. Et la science ne peut pas appréhender une réalité dont les lois ne sont pas celles de « notre » réalité. Notre science est limitée à notre réalité. Ou bien il faudrait prouver, en demeurant dans « notre » réalité, que notre réalité est limitée. Circonscrite. Finie. Voilà une piste de recherche prometteuse ! Prouver la finitude de notre réalité serait la preuve qu'il est possible que quelque chose d'autre existe. De la même façon qu'on peut prouver, en hiver, que la chaleur autour d'un feu ne se propage que jusqu'à une certaine distance et qu'au-delà, nécessairement, il n'y a pas de chaleur. Qu'il y a autre chose que la chaleur : le froid.

Mais ne nous emballons pas. Comment parvenir à prouver, en bon scientifique, que notre réalité est limitée ? Je crois qu'il faut d'abord imaginer une théorie démontrant qu'il est impossible de penser, de raisonner, d'imaginer, au-delà d'un certain point. Que la pensée elle-même est limitée. Plus précisément : qu'arrivée à un certain point, toute pensée nouvelle, toute idée nouvelle, toute théorie nouvelle ne fait que réutiliser ce qui existe déjà. Ce qui a déjà été pensé. Dit autrement, en prenant un peu de recul : qu'arrivée à un certain point l'histoire humaine se répète. Qu'il n'y a qu'une éternelle répétition. Qui dit répétition dit limite. La limite de la pensée, la limite de notre forme de vie. Certains invoqueraient à ce moment le théorème d'incomplétude de Gödel, mais je ne me lance pas là-dedans ! Non. Ce théorème est très compliqué, et on peut donc lui faire dire ce qu'on veut quand on n'est pas soi-même mathématicien (j'ai fait cette erreur dans mon mémoire de DEA !). Plus simplement, le bouddhisme intègre ce genre de frontière. Les maîtres bouddhistes nous disent qu'il existe un équilibre entre création et destruction, entre potentiel d'existence et existence. Que l'Homme ne parvient pas à tout expliquer avec ses mots, avec la raison, avec la science. Que l'Homme ne parvient pas à tout explorer via ses mots, sa raison, sa science. On peut faire l'expérience des limites de notre pensée lors de la méditation. Il me semble aussi que dans l'agriculture sauvage telle que mise au point par Masanobu Fukuoka, on atteint cette frontière de la pensée.

Bref, penser que notre capacité de penser est limitée (sans mauvais jeu de mot) ne m'apparaît pas illogique. Pourquoi pas ? Cela fait trois milliards et demi d'années que la vie existe sur Terre, et il aura fallu tout ce temps pour attendre l'invention de l'eau chaude ? Certes, il est possible qu'en cette période actuelle la pensée et l'intelligence se développent de façon exponentielle. Les connaissances s'accumulent de façon exponentielle. C'est un fait. Et ensuite ? Quelle sera la réalité d'une espèce vivante dont l'intelligence double à chaque génération ? Tiens ! Ne touchons-nous pas là à une frontière de notre imagination ?... Bref, je vous invite à identifier les limites de la pensée humaine. Cherchez, cherchez ! Dans une heure je ramasse les copies. Ensuite, ce sera l'épreuve pratique, bien sûr !

Pour résumer : prouver notre finitude humaine, prouver la finitude de notre réalité, c'est prouver qu'un « autre chose » existe. Pourquoi pas ? Le lecteur qui ne manque pas d'humour me rétorquera que je suis peut-être en train de poser le point de départ d'une nouvelle pseudo-science...

Donc pour ce qui est de sortir hors du corps, afin d'aller regarder la télé chez le voisin pour ne payer la redevance – mais l'inconvénient serait qu'on ne peut pas choisir le programme – je ne dis pas que c'est impossible : j'attends d'en faire moi-même l'expérience. Quant à Nicolas Fraisse, interviewé par la suite (interview disponible sur internet), il dit espérer un jour avoir la capacité de se déplacer physiquement à travers la matière, sans quitter son corps. Pour ce qui est de sa vie quotidienne, il veut faire le bien, tout simplement, et il sera donc bientôt infirmier. Mais pourquoi ne veut-il pas se consacrer à faire le lien entre notre réalité et l'ultra-réalité ? S'il en a les capacités, il pourrait le faire, en travaillant avec des personnes qui croient en lui et en cette ultra-réalité – il n'a pas besoin d'en convaincre l'humanité, après tout.

Qu'en penserait le maître ?

Interrogé sur la mort et la survivance de l'âme, Michel Onfray (cours d'été de l'université populaire de Caen en 2017) relate une expérience qu'il a vécue. Une nuit, un rêve se transforme en cauchemar : il voit une personne, drapée dans un linceul, qui tombe dans un précipice sans fond. Elle ne cesse de tomber. Le maître se réveille d'effroi, il est trois heures du matin. Puis, dans la journée, il apprend qu'une personne de son entourage est morte cette nuit même, à trois heures du matin. À la personne qui l'interroge durant son cours, le philosophe répond que le cauchemar et la mort, à la même heure, ne peuvent pas être une coïncidence, et que cela doit être accepté comme un fait. Ce vécu ne peut pas être nié, il faut l'accepter, et il l'accepte. Croit-il pour autant en une vie après la mort ? Non, explique-t-il. En tant que matérialiste, il se doit de *reconnaître qu'il ne sait pas*. Qu'il n'a pas d'explication à ce qu'il a vécu au moment même où la personne décédait, dans une autre ville. Le matérialisme implique de reconnaître les limites au savoir, de les admettre.

J'avais perdu de vue cette humilité d'accepter de ne pas savoir pourquoi. En entendant ces paroles, je pensais alors que mon choix de ne pas accepter les expérimentations de Dethiollaz et Fourrier n'était peut-être pas la seule issue. Au lieu de m'efforcer à chercher les erreurs dans les protocoles d'expérimentation, peut-être aurais-je pu, plus simplement, voir ce qui est valide, prendre comme *faits* ces expériences vécues par Fraisse et me dire « oui, cela est bel et bien vécu, mais je ne sais pas l'expliquer ». C'est une réalité, quand bien même les expérimentation de Dethiollaz et Fourrier ne permettent pas de la prouver totalement, parce que Dethiollaz et Fourrier n'ont pas les connaissances matérielles adéquates. Pas encore. D'ailleurs, ils n'ont pas pour objectif d'expliquer pourquoi et comment les sorties hors du corps se déroulent. Leur objectif est simplement de tester si oui ou non la sortie hors du corps est une réalité. Le matérialiste peut (et doit) admettre qu'il ne sait pas quand les faits sont constatés mais que les explications demeurent absentes. C'est donc une définition du matérialisme par rapport au savoir et au non-savoir, quand auparavant j'utilisais une autre définition du matérialisme : le matérialisme en tant qu'attitude opposée à la croyance. Avec cette définition, le matérialiste est celui qui ne croit que ce qu'il voit, et tout ce qui n'a pas d'existence concrète, matérielle, n'existe pas pour lui.

Donc un choix apparaît : faut-il considérer le cas Fraisse par rapport au savoir ou par rapport à la croyance ? Ce qui nous donne une croix de double opposition :

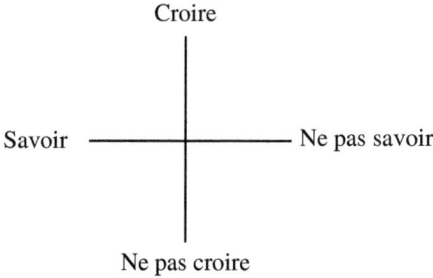

Soit quatre postures :

Postures matérialistes	**Postures de croyance**
1. Je sais et je ne crois pas	3. Je crois, mais je ne sais pas
2. Je ne sais pas et je ne crois pas	4. Je crois et je sais

Michel Onfray ne croit pas en une ultra-réalité (il appelle cela une arrière-monde) dont notre monde ne serait qu'une petite partie ou qu'une sous-partie. Mais il reconnaît les faits. Il adopte donc la posture n° 1. Dans ce contexte, je rallie Michel Onfray. Mais pour aborder le cas Fraisse j'avais une autre croix en tête, relative au sens de la vie :

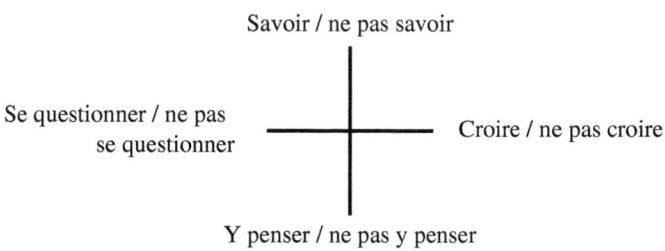

Il y a d'un côté les personnes pour qui cette question joue un rôle dans leur vie, et de l'autre les personnes qui mènent leur vie sans jamais se poser cette question. Parmi les premières, certaines vont se questionner et d'autres non. On peut croire sans se questionner, on peut se questionner sans croire, on peut se questionner et croire. Les matérialistes ne croient pas et apportent, du moins cherchent, une réponse matérielle à leur questionnement.

La docte ignorance

La docte ignorance est une méthode pour partir à la recherche du sens de la vie. C'est un questionnement incessant et l'acceptation du *doute*. L'ignorance guide mes yeux, l'esprit critique guide mes pas et le doute balise mon chemin. Il ne s'agit pas d'accepter l'ignorance, pas plus que d'accepter les certitudes absolues. Il s'agit de refuser la croyance comme la non-croyance. Acquérir un savoir d'expert, de spécialiste, n'est pas un objectif et accepter l'ignorance n'est pas un objectif non plus. Il ne s'agit pas non plus, comme le fait le matérialiste, de refuser de considérer comme possible quelque chose qui est difficile à imaginer. La vie ne se laisse pas résumer à aucune de ces postures extrêmes. Mais le docte ignorant se doit de côtoyer tous types de personnes, tous types de croyances, tous types de sciences, tous types de mystères.

Notez que le docte ignorant n'est pas non plus comme le sceptique qui va dans un premier temps douter de tout, avant, selon la qualité de la démonstration, accepter un savoir ou refuser ce savoir. Le docte ignorant utilise les « chemins » du matérialisme et du scepticisme d'une façon qui lui est propre. Sceptiques et matérialistes exigent d'arriver à un savoir catégorique au bout de la démonstration : telle chose existe, telle chose n'existe pas, telle chose est probable, telle chose est improbable, telle chose est connaissable, telle chose est inconnaissable. Le docte ignorant, lui, n'accepte pas que la réalité soit réduite à ces conclusions ; son imagination lui dit qu'il existe toujours plusieurs chemins.

Considérons par exemple une voiture, dont on ne peut pas douter de l'existence et du fonctionnement. Le matérialiste dira que la voiture est mise en mouvement par le moteur, qui lui-même fonctionne selon les lois de la thermodynamique. Le sceptique demandera si la voiture peut vraiment être mise en mouvement dans n'importe quelles conditions. Et le docte ignorant demandera ... si une voiture est toujours nécessaire. Le docte ignorant met en doute ce qui est évidence pour le matérialiste et pour le sceptique : qu'une voiture doit rouler. Le docte ignorant n'hésite pas à dire qu'on peut imaginer une société sans voiture ; qu'on peut imaginer plein de sociétés différentes. Le docte ignorant, de par la place qu'il accorde à son imagination, est aussi un utopiste.

Le doute est une condition de la liberté

Matérialisme, scepticisme, croyance, docte ignorance, utopisme... ne sont que quelques postures parmi une bonne centaine d'autres, identifiées par les philosophes depuis la Grèce antique (l'hédonisme, l'épicurisme, le stoïcisme, etc). Comment atteindre la Vérité – c'est-à-dire la réponse à la question du sens de la vie ? En s'astreignant à une seule posture et en excluant toutes les autres ? Non : ce serait une erreur de décider que telle posture serait vraie et pas les autres. Je crois qu'on se rapproche de la Vérité en prenant plusieurs postures, en même temps ou successivement. Être certain d'avoir raison serait comme décider de ne plus bouger dans sa vie. Le docte ignorant ne se fixe pas ; il bouge, il fait un tour par-ci et par-là. Il utilise sa liberté. S'arrimer à la certitude revient à refuser la liberté. La liberté qui fait partie de notre vie d'humain.

Vivre la liberté est un bon début de réponse : c'est accepter notre nature humaine[43].

Si vous êtes intéressés par une pseudo-science, demandez-vous si votre attraction pour cette pseudo-science vous rend plus libre. Ainsi, ce qu'affirme Nicolas Fraisse me rend-il plus libre ? Côtoyer la pseudo-science noétique a stimulé mon imagination et a agrandi mon univers. Si j'imagine que les sorties hors du corps sont possibles, alors je dois adopter une toute autre vision de la vie. Je dois, comme Fraisse, envisager la vie humaine en tant que simple interlude dans la vie de l'esprit. Vie de l'esprit qui se déroule dans une réalité dont la nôtre n'est qu'une petite partie. C'est plausible. N'ai-je pas trouvé là une Vérité qui me libérerait de ma docte ignorance et de mon doute sempiternel ? Est-ce que cela pourrait être *ma* vérité ? Mais, vous vous en doutez, cher lecteur, je n'arrive pas à répondre à cette question...

---

43 Certaines personnes, comme par une réaction hostile au fait d'être nées, ou par peur, se font un plan de carrière et n'en dévient pas d'un pouce. Ou bien elles adhèrent à des interprétations littérales de textes religieux. Elles refusent leur liberté ; elles préfèrent l'entrave. Il est certain que lorsque vous rencontrez ces personnes elles affichent une certitude solide. Elles savent où elles vont dans la vie, elles savent ce qui est bon pour elle et ce qui ne l'est pas. Elles savent qui côtoyer et qui ne pas côtoyer. Mais elles sont rigides : ne leur demandez pas de faire quelque chose qui n'est pas dans leur plan de vie. Ou même d'y penser. Elles sont rigides et tendent à l'arrogance. Et elles aiment pointer votre incertitude, qui est faiblesse à leurs yeux.
Je crois qu'en France, et en Allemagne, il y a bien trop de personnes de ce genre. Ce qui fait qu'ici et en Allemagne il n'y a pas la joie de vivre comme on peut la ressentir à Tahiti ou en Nouvelle-Calédonie. Dans ces pays, la Nature a une telle place, omniprésente et puissante, qu'elle empêche les esprits de se refermer. Elle force les esprits à accepter le doute inhérent à la vie humaine ; en échange elle nous donne de la motivation, de la volonté et de la confiance en nos capacités. Ici en Europe, la Nature n'a plus cet impact sur nous, parce que nous l'avons trop détruite et trop maîtrisée. Cf. mon livre NAGESI.

ENTRE SCIENCE ET QUÊTE DE SENS

Nous avons étudié plusieurs cas de pseudo-sciences et nous avons vu ce qu'est la science. Revenons maintenant sur certains points, de façon à faire les part des choses entre ce qui, dans une pseudo-science, relève de la science ou n'en relève pas, et ce qui relève de la quête de sens et n'en relève pas.

LE PRINCIPE DU NOMA POUR DÉPARTAGER SCIENCE ET SPIRITUALITÉ

Qu'est-ce qui, fondamentalement, différencie la science de la pseudo-science ? On pourrait réduire la pseudo-science à une forme de croyance. Dans ce cas, pour les départager, le principe du « noma » peut être invoqué à bon escient. Noma est l'abbréviation de « Non-Overlaping MAgisteria » ou non-recouvrement des magistères. C'est un principe émis par Stephen Jay Gould dans les années 1990. Le principe du noma

> est simple, humain, rationnel et tout à fait traditionnel, prône le respect mutuel, sans empiétement quant aux matières traitées, entre deux composantes de la sagesse dans une vie de plénitude : notre pulsion à comprendre le caractère factuel de la nature (c'est le magistère de la Science) et notre besoin de trouver du sens à notre propre existence et une base morale pour notre action (le magistère de la Religion)[44].

S.J. Gould est connu pour avoir « lutté » dans les années 1990 contre la science créationniste et contre « l'intelligent design », deux pseudo-sciences dont l'objectif est de prouver que Dieu a créé l'être humain et la nature ainsi qu'il est écrit

---
44 Stephen Jay GOULD, *Et Dieu dit : « Que Darwin soit »*, Seuil, 2013

dans la Bible. Le noma permet d'éviter une regrettable confusion des genres, à savoir chercher « du sens à notre propre existence et une base morale pour notre action » dans les résultats de la recherche scientifique. Pour le dire sans détour : c'est une erreur d'espérer trouver le sens de la vie humaine dans l'étude de la géométrie des molécules ou des propriétés des ondes magnétiques. Ou plus simplement dans l'anatomie des plantes et ou des animaux ou dans l'écologie. C'est aussi une erreur de penser trouver dans les résultats de la science, et dans sa fille la technique, une base morale à nos actions : la morale est notre responsabilité d'être humain ; la Nature est muette, ne prenons pas son silence en otage pour lui faire dire des choses qui nous plaisent. Il suffit de côtoyer la Nature pour comprendre qu'elle ne nous impose rien, ni ne nous soumet à elle[45]. De plus, *soumettre* la recherche scientifique à des éléments de croyance (Dieu, une vie après la mort, les anges, etc.) c'est décider de ce que la science doit étudier. On voit déjà tout le mal qui résulte de la soumission de la science au capitalisme ; n'en rajoutons pas en la soumettant en plus à des croyances. Les scientifiques devraient être libres de se poser les questions auxquelles les découvertes précédentes les invitent. Décider quels domaines sont dignes d'étude ou pas, sur la base de textes religieux ou sur la base d'idéologies économiques ou politiques, c'est à court terme faire le choix de restreindre notre savoir plutôt que de l'agrandir. Refuser le savoir, c'est même pour certains croyants un devoir ! Car c'est se conformer à l'invocation originelle de Dieu de ne pas manger les fruits de l'Arbre du Savoir dans le jardin d'Éden ! C'est renouer avec la spiritualité originelle...

Certes, la science n'est pas parfaite, on peut lui faire de nombreux reproches, notamment celui de scinder la réalité, de

---

[45] Ce dont j'ai fait l'expérience et que je relate dans mon livre *Quand la nuit vient au jardin – émotions déplaisantes et ephexis du jardinage agroécologique*, BoD, 2017.

la diviser en morceaux toujours plus petits, tant et si bien que l'image globale de la vie (de l'agriculture, de la médecine) en vient à manquer, ce qui, vraisemblablement, nous mène sur des chemins dangereux, cela j'en conviens et je le déplore. Mais refuser le savoir sous prétexte de se conformer à une croyance, cela je dois le dénoncer.

Et selon le principe du noma, inversement, il ne faut pas demander aux textes religieux, aux croyances, de nous expliquer le fonctionnement de la matière (le fonctionnement de notre corps, le fonctionnement de la nature, la géologie, l'astronomie, etc.)

Les pseudo-sciences ne sont pas toutes comme le créationnisme et l'intelligent design ; j'ai simplement pour objectif ici de poser les grandes lignes de démarcation entre science et spiritualité. Mais il faut être sceptique quand un représentant d'une « nouvelle science fondée sur les découvertes les plus récentes autant que dans la tradition de maîtres de sagesse » – ainsi se présentent souvent les pseudo-scientifiques – affirme que des pans entiers du savoir scientifique sont à jeter. Ou qu'il est inutile de les prendre en compte. Bref, si ce représentant de cette nouvelle science ignore le principe du noma, s'il mélange science et croyance, s'il entend prouver le sens de la vie grâce à ses « méthodes », alors vous pouvez être certain qu'il s'agit là d'une pseudo-science et non d'une science.

LE FAUX SAGE

Certains grands scientifiques, dont les travaux sont reconnus, présentent parfois leur « sagesse de vie » dans des livres et lors de conférences. Hubert Reeves par exemple. Mais ils sont peu nombreux à le faire, et ils ne le font qu'à la fin de leur carrière. Leur vie dévouée à la science et les découvertes remarquables qu'ils ont faites, attestent de leur grande finesse d'esprit, et donc leurs paroles sont claires et percutantes. Ils savent relier les différentes échelles de temps et d'espace, les détails infimes et les connaissances importantes, les questions élaborées avec méthode et le rôle du hasard, l'émerveillement de l'enfant et la logique de l'adulte, et enfin ils savent relier les connaissances les plus anciennes avec celles les plus récentes. Ils savent faire ces liens et les exposer avec clarté au grand public. Ils nous montrent la filiation des découvertes, comment l'une préparait la suivante. Ou comment des théories imaginées il y a fort longtemps furent, des décennies durant tenues pour fausses, puis un jour prouvées correctes. « Untel n'avait pas entièrement tort », « untel était un précurseur » mais « c'est un grand tort que d'avoir raison trop tôt ». Et, en faisant un petit pas de côté, ces scientifiques passent dans le domaine de la philosophie : tel grand philosophe avait eu l'intuition de tel arrangement des éléments qui composent le monde... Ils passent de la science, matérielle, rationaliste, à la philosophie, et cela impressionne le grand public. Pour beaucoup de personnes cette capacité à voir les choses en grand est la preuve de l'expérience et de la maturité intellectuelle. Cette admiration est justifiée.

Donc les pseudo-scientifiques, pour impressionner leur public, vont se donner l'apparence de scientifiques expérimentés au point d'en être devenus des sages à l'instar d'Einstein ou de Reeves ! Ils vont relier des points de détail à de grandes théories totales. Ils vont passer de la science à la philosophie et vice-versa. C'est ce que je vous ai décrit dans l'étude de la conférence de physique quantique. Un charlatan qui se fait passer pour un sage, c'est une vieille ficelle. Mais le charlatan peut être démasqué : de ses méthodes et théories soi-disant scientifiques, il va faire des extrapolations énormes. Il va prétendre avoir une clé universelle pour tout expliquer. Ce charlatan ne veut qu'une chose : vous vendre la panacée ! Tandis que le vrai scientifique, quand il étend ses explications à la philosophie, prend toujours soin de *délimiter* son savoir et son intuition. Ses propos sont toujours circonstanciés. Il ne vous promet pas la lune. Le faux sage, extrapolant de la science à la philosophie à la sagesse, raconte aussi des anecdotes sur n'importe quoi de sa vie quotidienne, parce qu'il pense qu'ainsi il montre un visage humain, un visage « d'homme de la rue », comme son auditoire. Pour vous prouver qu'il est à la fois un esprit brillant et un homme ordinaire. Pour gagner votre confiance. Le vrai scientifique qui est devenu un vrai sage ne s'épanche pas comme ça en public sur les petits tracas de la vie quotidienne. Il ne cherche pas à gagner votre confiance de cette façon-là.

Donc soyez toujours sceptique face à un sage qui veut vous convaincre à tout prix de sa sagesse.

MORALE VERSUS LIBERTÉ

Un pseudo-scientifique conclut inévitablement ses explications par des prescriptions morales : il faut penser comme cela, il faut faire cela, il ne faut pas faire ceci, il faut aller dans tels endroits, il faut honnir tels endroits, etc. Quel mal y a-t-il à ces prescriptions ? me demanderez-vous. Vous avez compris que chaque pseudo-science renferme un noyau de spiritualité et que ce noyau est censé être prouvé par une méthode qui est revendiquée être scientifique. Et le pseudo-scientifique vous dit qu'il n'y a pas d'autre choix, à part la bêtise, que de croire en cette spiritualité parce qu'elle est prouvée. Et cette spiritualité consiste à se comporter de telle ou telle façon pour être en accord avec la loi de la nature qu'il affirme avoir prouvée. La spiritualité en question est toujours *holiste* : c'est une loi de l'univers, un principe de l'univers, qui régit tout en tous lieux et de tous temps. Elle est à la fois matérielle et spirituelle ; c'est un principe qui régit les étoiles, les atomes, les galaxies, les écosystèmes, les cellules, de même que notre esprit, notre espérance, notre société, nos constructions. Impossible d'y échapper.

Comparons avec la science conventionnelle. La science conventionnelle n'entend pas prouver l'existence d'une loi universelle qui régit la matière et l'esprit. Et elle ne vous oblige à rien. La science conventionnelle ne fait pas de prescription morale. Plus précisément, notre culture occidentale repose sur une morale qui est le fait de l'être humain et de l'être humain seul[46]. Nous prenons nos décisions morales « en notre âme et conscience » : nous ne nous référons ni à Dieu ni à la matière, car Dieu n'existe peut-être pas et car la matière – la Nature – ne nous parle pas et ne nous dit jamais quoi faire[47]. La science conventionnelle nous laisse libre de notre morale, et même elle nous rend plus libres parce qu'en nous apportant de nouvelles connaissances elle nous permet de faire de nouvelles actions. Au contraire, le pseudo-scientifique ne nous dit pas « vous avez plus de choix maintenant », mais il nous dit qu'il vaut mieux faire ceci ou cela sous peine de contrevenir à la loi universelle et de risquer tous les maux du monde. Il use, subtilement, de la peur.

De telles pseudo-sciences qui se concluent par des prescriptions morales sont plus proches de la manipulation mentale que de l'éducation populaire ! Ce qui importe est que, avec ce que je viens d'écrire, vous êtes maintenant en mesure de *juger par vous-même*. Vous assistez à une conférence sur un thème que certains qualifient de pseudo-scientifique ? Le conférencier ne vous enjoint pas de vous comporter d'une façon particulière ? Il ne propose pas une spiritualité universelle ? Il ne prétend pas démontrer scientifiquement cette spiritualité ? Il n'attise pas votre peur ? Dans ce cas, c'est une « pseudo pseudo-science », c'est-à-dire un questionnement honnête et une

---

46 Cf. mon *À la recherche de la morale française*.
47 Cf. mon *Quand la nuit vient au jardin*.

théorie honnête (origine morale de type 1 ou 3), qui ne font pas plaisir aux scientifiques conventionnels, mais qui un jour accéderont peut-être au statut de science parce que notre savoir et notre liberté s'en trouveront agrandis. La présence ou l'absence de prescriptions morales permet de séparer le bon grain de l'ivraie.

Assister à une telle conférence (d'une pseudo-science qui n'en est pas une), en tant que chercheur de sens de la vie, c'est assister à une étape de la construction d'une vérité. C'est voir les incertitudes internes, c'est voir les adversités, c'est voir l'absence de finalité (le conférencier ne faisant pas la promotion d'une théorie spirituelle ayant réponse à tout). Et cela résonne avec vous-même, avec votre chemin : le monde se construit pas à pas, et vous-même vous vous construisez pas à pas. Sans vraiment savoir vers quoi – la vie n'est pas un programme[48].

Au contraire le pseudo-scientifique affirme que le monde est déjà expliqué entièrement. Qu'il est déjà construit entière-

---

48 Cette absence de visibilité peut faire peur. Mon ex-compagne était affligée par cette peur, mais elle ne le disait pas. Dès vingt-deux ans, elle voulait tout prévoir, elle s'assurait pour tout ce qu'il est possible d'assurer, elle planifiait sa carrière, elle construisait sa place dans la classe sociale qu'elle visait. Elle ne pensait pas par elle-même et reprenait les opinions des personnalités bien en vue. Elle décidait même rationnellement de ses loisirs, selon qu'ils lui permettaient de sécuriser sa position sociale ou non. Moi-même je devais être fiable, solide et prévisible. Mais moi je n'ai pas cette peur-là. L'absence de visibilité ne me gêne pas. Si je devais m'assurer de toute choses, si je devais tout contrôler, j'y passerais tout mon temps et toute mon énergie, et cela je ne le peux pas, tout simplement. Toutes ces assurances et tous ces leviers de contrôle sont comme un écran qu'on interpose entre soi-même et la vie, me semble-t-il. Nous nous sommes séparés sur la demande de mon ex-compagne – moi je ne comprenais pas pourquoi et il m'a fallu plusieurs années pour comprendre que j'avais sous-estimé à quel point la sécurité était importante pour elle.
En tant que chercheur de sens, j'aime qu'on construise sa propre vie. Il est bon qu'on construise certaines protections mentales et physiques pour protéger ce qui nous permet d'avancer. J'étais heureux d'être avec une femme qui construit. Mais ses constructions devenaient des murs qui enferment et qui séparent.

ment. Que la pensée est déjà totale et qu'il ne sert à rien de penser autrement. Que le monde est déjà fait et parfait, et que nous ne devons agir que pour réparer les dégâts que nous lui avons causé ou pour éviter de futurs dégâts. C'est la sagesse éternelle, nous dit le pseudo-scientifique. Philosophiquement, c'est une cosmologie plausible. C'est convaincant. Pourquoi pas ? Mais attention : cela incite à abandonner la créativité, la curiosité, l'attrait pour la nouveauté. Cela peut enfermer. Attention à la dérive sectaire.

Or moi, en tant qu'humaniste, je ne crois pas totalement à cela. Je crois que la destinée humaine n'est pas écrite depuis toujours et pour l'infini des temps à venir. Du moins pas dans le détail. Notre destinée est d'explorer, est d'inventer, est de faire évoluer notre société. Tout en s'interdisant de détruire la nature et de détruire nos corps. Ou de les transformer radicalement. Nous avons besoin d'une stabilité naturelle (la Nature, notre corps respecté) *et* d'un inconnu à explorer et à construire. En tant que chercheur du sens de la vie, je pense que la cosmologie immuable du pseudo-scientifique, à laquelle il veut convaincre son auditoire en usant d'arguments pseudo-scientifiques, peut être contraignante. En tout cas si elle est proche de notre vie quotidienne. Elle ne va pas inciter à s'épanouir parce qu'elle ne reconnaît pas notre destinée *d'explorateurs de l'inconnu et de créateurs*. Si elle est plus éloignée de la vie quotidienne, telle que la cosmologie de Nicolas Fraisse, on peut y adhérer sans risque. Ce n'est pas plus risqué que de ne pas y adhérer.

J'avais écrit plus haut que le pseudo-scientifique peut essayer de nous convaincre par la peur. La peur soumet. Il peut aussi essayer de nous convaincre, de nous soumettre, en nous laissant croire que nous sommes des êtres petits, minuscules, insignifiants, dans l'ordre du monde qu'il décrit. Il peut fustiger l'humanité parce qu'elle ne fait pas assez d'efforts pour se hisser au niveau de la vérité – sa vérité. Le pseudo-scientifique apparaît alors comme l'aide, le guide, le sauveur, qui peut ramener l'humanité dans le droit chemin[49]. Attention à la manipulation mentale...

Si vous êtes convaincus par une pseudo-science, ou par plusieurs, et que cela vous renferme sur vous-même, sur vos convictions, et que votre vie se fige dans des certitudes, alors cette rencontre ne doit pas se prolonger. Elle est nocive pour vous.

Mais – encore un mais, encore un point de bascule, encore une démarcation, encore une nuance : c'est la méthode de la docte ignorance – si vous êtes convaincus et que cela a stimulé votre ouverture d'esprit, votre curiosité, votre envie d'explorer, votre envie d'en savoir toujours plus, votre esprit critique et que cela vous aide à prendre en main votre vie, alors votre rencontre avec ces pseudo-sciences n'est pas une mauvaise chose. À vingt ans j'ai lu presque tous les livres du lama Lobsang Rampa. Il y raconte sa vie de jeune moine bouddhiste au Tibet, au XIXe siècle. Il lui arrive des aventures, banales d'abord puis de plus en plus extraordinaires. Il écrit même être présentement une réincarnation de ce moine dans le corps d'un Anglais, s'en souvenir, posséder le « troisième œil » qui permet de voir les auras et les énergies. Ce qu'il écrivait à propos de pouvoirs extraordinaires des maîtres tibétains m'a donné envie d'en savoir plus. J'ai fait des recherches sur internet, et j'ai trouvé des articles montrant preuves à l'appui que cet auteur anglais était un affabulateur ! Dur retour à la réalité ! Je me suis fait avoir, je suis « tombé dans le panneau », mais en moi était né une attirance sincère pour le bouddhisme, qui dure encore.

C'est comme avec le nazisme, le racisme, le négationnisme, l'antisémitisme, l'islamisme, etc. : ces mouvements ne

---

[49] Notez que soumettre par la peur et soumettre par le rabaissement sont des stratégies que le clergé a longtemps utilisées, explique Michel Onfray.

retiennent que les gens qui ne peuvent pas réfléchir. Les dictateurs tout comme les gourous craignent par-dessus tout la réflexion, car la réflexion démasque nécessairement leurs désirs personnels qu'ils font passer pour des vérités universelles.

Autre exemple de lecture qui m'a intéressé : *Les messages cachés de l'eau*, de Masaru Emoto[50]. Emoto a inventé une technique pour photographier les cristaux d'eau gelée. Il a mis en évidence que selon la qualité de l'eau et selon les émotions qu'elle a reçues de notre part, les cristaux ne sont pas les mêmes. Des eaux polluées, trop riches en produits chimiques et des eaux provenant de lieux mal famés forment des cristaux irréguliers, incomplets et de forme simple. Au contraire des eaux pures, aérées, provenant de lieux où règne une ambiance sereine et vitale, forment des cristaux réguliers, complets et avec des formes complexes et harmonieuses. Est-ce là une pseudo-science ? Je ne sais pas, car il est vraisemblable que la qualité de l'eau influence la forme des cristaux qu'elle engendre. C'est la théorie d'Emoto. Est-ce que l'eau vibre et donc résonne avec les vibrations que les êtres humains et les lieux émettent ? L'eau serait à même de capter toutes nos émotions ? D'où une interaction physique possible entre nos émotions et la santé des plantes et des animaux, car eux et nous sommes composés principalement d'eau. Nous pourrions, physiquement, guérir une plante ou une personne en lui « envoyant » des émotions positives. Et l'eau serait réceptive à toutes les ondes de l'univers, y compris la lumière venant des étoiles et des planètes. C'est ce que soutient Emoto ; c'est sa cosmologie. Il va jusqu'à démontrer que les planètes sont bel et bien en lien avec certains métaux (le plomb avec

---

50 Masaru Emoto, *Les messages cachés de l'eau. Âme, eau, vibration : leurs fabuleux pouvoirs*. Éditions J'ai Lu, collection Aventure secrète, 2014.

saturne, etc.) via l'eau. Et je trouve qu'il y a dans cette démonstration une certaine logique.

Comme pour le cas Fraisse, il me faudrait constater de mes propres yeux. Mais qu'Emoto ait tort ou raison est pour notre réflexion de moindre importance. Parce qu'en lisant son livre, on reprend conscience de l'importance de l'eau dans notre vie quotidienne. L'eau est pour nous une évidence et nous ne nous questionnons pas sur sa qualité. Pourtant, certains faits sont alarmants. Par exemple, comme se fait-il que l'eau de mon puits que j'utilise pour irriguer mon jardin soit de meilleure qualité que l'eau du réseau public ? Et comment se fait-il que l'eau de pluie soit de meilleure qualité que l'eau achetée en bouteille ? Et Emoto nous rappelle qu'auparavant des cultes étaient rendus à l'eau. Nos ancêtres affirmaient et affichaient leur gratitude envers l'eau. Ils la remerciaient. Qui aujourd'hui pense à dire « merci » à l'eau ne serait-ce qu'une fois par an ? L'eau rend la vie possible ; l'eau est la vie.

J'ai lu ce livre parce qu'il promet, en quatrième de couverture, la combinaison intéressante d'une technique moderne avec une sagesse universelle et qui s'inscrit dans la prise de conscience écologique. C'est peut-être de la pseudo-science, mais Emoto a, pour moi, ravivé l'importance symbolique de l'eau. Reprendre conscience du fait que nos ancêtres rendaient des cultes à l'eau me fait reprendre contact avec eux, d'une certaine façon. Et ce sentiment-là de reconnexion avec nos ancêtres est une réponse, me semble-t-il, à la question du sens de la vie (ce n'est pas *toute* la réponse, mais ça en fait indubitablement partie).

Pour le chercheur du sens de la vie, côtoyer un temps des façons de penser qui ne sont pas totalement, catégoriquement, rationnelles, voire qui sont superficielles et renfermées sur elles-mêmes, est une expérience constructrice. Le matérialiste sûr de lui-même, qui refuse tout contact avec ces pensées intrigantes ou avec des pensées monstrueuses, se prive de cette expérience édifiante. Plus précisément, en tant que matérialiste il n'en a pas besoin pour renforcer ou tester ses convictions. Il ne ressent pas d'attirance, pas de curiosité. À la différence du chercheur du sens de la vie, qui est à l'écoute de sa curiosité et qui pense que sa curiosité est toujours fondée et significatrice. Même s'il ne sait pas pourquoi ! Par exemple, j'ai été intéressé d'apprendre comment la médecine nazie s'est nourrie d'une histoire allemande réinterprétée par la propagande nazie, et in fine comment cette médecine s'est transformée en une simple barbarie, une jouissance à faire souffrir les cobayes et une jouissance macabre à découper les corps. Les petites irrationalités du départ se sont transformées en absurdités inhumaines et en folie pure. Il est édifiant de comprendre quelles furent les causes d'une telle évolution. C'est même important de savoir cela, et ce serait une erreur pour un matérialiste de refuser de connaître le déroulement de ce drame sous le seul prétexte que c'était une pseudo-science et que par définition il est inutile d'y réfléchir (c'est comme si un architecte refusait d'évaluer la sécurité d'un bâtiment qui aurait été construit par des hippies, parce que les hippies ne sont pas rationnels).

J'ai conscience que je suis un privilégié de disposer d'un intellect réactif. Je sais que certaines personnes, hélas, ont leurs vies prises en main par des pseudo-scientifiques et des gourous, et perdent leur liberté. L'indigence est une affliction implacable : les indigents se font vider de leur être par des personnes sans scrupule tout comme le malade est implacablement privé de sa santé et de sa claire conscience[51]. Les indi-

---

51 Il y a quelques jours je me rendais dans un hypermarché de Saint-Lô. En caisse, une famille obèse me précède. La caissière demande la carte de fidélité du magasin ; les parents demandent s'il faut celle de madame ou de monsieur. La grande fille, environ quatorze ans, demande si elle peut en avoir une. La mère dit

gents se feront mener par le bout du nez, en toute confiance, parce que les théories du pseudo-scientifique ont l'apparence de la science, donc le gage de sérieux de la science[52].

LE PSEUDO-SCIENTIFIQUE ET LE PUBLIC PROFANE

Le refus des pairs

Le promoteur d'une pseudo-science se différencie du scientifique « vrai » par cette fâcheuse habitude de consulter le grand public plutôt que d'autres scientifiques. Le pseudo-scientifique, le biogéologue par exemple, ne va pas solliciter l'avis des biologistes ou des géologues. Le lecteur peut me rétorquer qu'il l'a fait mais que, pour des raisons idéologiques, les scientifiques reconnus ont refusé d'étudier ses travaux. Mais qui dit cela ? C'est le pseudo-scientifique lui-même !

Je fus moi-même formé à la science, et quand une personne de mon entourage me soumettait telle ou telle théorie entendue ou lue dans des médias peu connus, j'évaluais rapidement sa logique et sa conformité avec le savoir admis, et je répondais que cette théorie semble intéressante ou bien est dépassée

---

à la caissière qu'elle les collectionne toutes, qu'elle les veut toutes depuis qu'elle a eu sa première carte de crédit (!). La caissière explique qu'elle doit avoir dix-huit ans. La fille demande si elle peut avoir le livre cadeau exposé en caisse – livre que l'on peut acheter à moitié prix avec la carte de fidélité. C'est un livre sur un personnage de dessins animés bien connu. La mère dit non. La fille, qui un instant avant se prenait pour une adulte avec sa carte de crédit, commence à chouiner comme une gamine de cinq ans : « je le veux, j'aime ça, je le veux, c'est bien, etc. ». Cette scène quotidienne illustre bien ce qu'est l'indigence populaire, qui est entre autre *perte du sens des priorités et hiérarchie des valeurs*. Cette famille, si on l'expose à un pseudo-scientifique malhonnête, tombera dans une spirale infernale de dépenses farfelues en livres et séminaires et sera vidée du peu d'humanité qu'elle possède pour être remplie par une spiritualité de pacotille totalisante.

52 Vous trouverez des éléments complémentaires pour cette ligne de réflexion dans le sous-chapitre à la page suivante et dans l'annexe *Les dérives sectaires* p. 213.

ou bien est une erreur connue depuis longtemps. Tout scientifique sérieux et avec une vraie conscience professionnelle ne peut qu'étudier avec joie les travaux qu'on lui amène, à partir du moment où les postulats et la méthode sur lesquels reposent ces travaux sont logiquement fondés. Tous les scientifiques aiment évaluer les travaux de leurs pairs, car ainsi ils peuvent apprendre de nouvelles théories et de nouvelles méthodes de travail. Cela stimule leur imagination. La curiosité pour les travaux des pairs permet un apprentissage continu indispensable pour le métier de scientifique. « Il n'y a de vérité que dans le partage » pourrait être une des devises de la science.

Il ne suffit pas qu'un seul chercheur réfute notre travail pour que l'on devienne de suite un pseudo-scientifique. Mais, après plusieurs rejets, si on persiste dans cette même voie de recherche, alors on devient presque un pseudo-scientifique parce qu'on fait une fixation sur une seule théorie (les scientifiques se caractérisent justement par leur capacité à imaginer de nombreuses théories et à abandonner sans regret celles qui sont erronées).

Le désir trop ardent de reconnaissance

Mais à ce stade on n'est pas encore un pseudo-scientifique : on est juste quelqu'un qui imagine et qui fait des petits tests, seul dans son coin, sans laboratoire, sans financement, sans assistant, sans vouloir se remettre en cause. Les vrais scientifiques, eux, sont reconnus par leurs pairs : leurs pairs reconnaissent leur créativité et leur capacité à se remettre en cause. Le chercheur solitaire qui n'obtient pas cette reconnaissance devient un pseudo-scientifique à partir du moment où il décide d'obtenir coûte que coûte une reconnaissance. Comme il ne parvient pas à se justifier auprès des vrais scientifiques, il va chercher à se justifier auprès... d'un public profane. Un public qui n'y connaît rien en sciences ! Certes, il est possible, il est même vraisemblable, que certains chercheurs un temps durant, ou sur un sujet de recherche donné, n'obtiennent pas la reconnaissance de leurs pairs. Est-ce une raison, une raison raisonnable et raisonnante, pour aller quémander une reconnaissance auprès d'un public ignare de la science ? Bien sûr que non. Mais il est facile de berner des personnes qui n'ont pas le savoir et les moyens pour évaluer des théories. C'est malhonnête mais c'est facile. Donc le pseudo-scientifique se lance dans une série de conférences pour convaincre le grand public[53].

La recherche de reconnaissance auprès d'un public profane est *parfois* justifiée. Ainsi des lanceurs d'alerte, par exemple les médecins qui mettent en lumière les effets nocifs de médicaments et qui doivent aller à l'encontre des scientifiques qui produisent ces médicaments. Dans ces situations, certains groupes de scientifiques sont effectivement soumis à une idéologie (mercantile et/ou politique) et ils refusent d'étudier les travaux qui peuvent ébranler cette idéologie. Il faut alors alerter le grand public, pour que les travaux puissent bénéficier d'une analyse objective.

Le pseudo-scientifique laisse croire qu'il est comme ces lanceurs d'alerte. Il laisse croire au public que l'attention publique qu'on lui accorde est œuvre de salubrité publique. Il demande au public, pour le bien commun, de le reconnaître, afin que la communauté scientifique réexamine ses travaux.

---

53 Et, pour que cela soit encore plus facile, il cible un public a priori favorable : le public amateur d'ésotérisme. Ce public est connu pour son scepticisme envers les sciences officielles. Voilà, vous savez maintenant pourquoi les pseudo-sciences ne sont jamais bien loin de l'ésotérisme. Que le lecteur se rappelle mon avertissement : ce constat n'est pas une critique des spiritualités et des ésotérismes pour lesquels des pseudo-sciences prétendent apporter les preuves. Au contraire, des pseudo-sciences dont il est aisé de démontrer l'imposture ne peuvent que nuire à la réputation des spiritualités et ésotérismes en question.

Le ressort psychologique est subtil mais puissant : « Oh peuple ! Sois toi-même juge et souverain ! Exerce ton pouvoir de justice ! » Voilà vers quelle action le pseudo-scientifique oriente, subtilement, le public qui l'écoute. Et dans notre société humaniste, le public ne peut pas refuser de prendre en considération le désir de reconnaissance d'une personne qui se dit discriminée : le pseudo-scientifique est victime d'une injustice, le peuple se doit de réparer cette injustice.

Le public pris en otage ?

Vu ainsi, on peut dire que Miss Bruce n'était pas une véritable pseudo-scientifique : elle n'a pas cherché à convaincre un public profane. Elle ne s'adressait qu'à des jardiniers et pas à des citadins par exemple.

Une fois un premier public convaincu, le pseudo-scientifique utilise cela comme marche-pied vers la reconnaissance : « Salle comble pour Mr. Psyx, physicien génial et pionnier, dans la ville de ... » va-t-on pouvoir lire sur les prospectus pour les conférences suivantes. Au fur et à mesure qu'il donne des conférences, son nom devient de plus en plus connu, ce qui assoit de plus en plus la scientificité de ses travaux (s'il n'était pas un bon scientifique, il n'y aurait pas grand public à ses conférences). Dans notre époque superficielle, où l'information est surabondante et donc parfois difficile à vérifier, et où la science devient toujours plus complexe, cela fonctionne ! Les charlatans ne peuvent pas espérer mieux comme mécanisme pour répandre leurs idées à grande échelle. Plus ils ont de public, mois la scientificité de leurs travaux est mise en doute. Et cette reconnaissance leur permet ensuite d'affirmer, preuves à l'appui, que telle spiritualité ou que tel doctrine ésotérique est prouvée grâce à leur théorie (puisque cette théorie est scientifique car reconnue).

C'est un processus d'auto-justification. Et l'autojustification va encore un pas plus loin : cette spiritualité ou cette doctrine ésotérique en question servent en retour à légitimer les théories du pseudo-scientifique ! Avec l'argument que si ces théories n'étaient pas vraies, elles ne pourraient pas être ainsi extrapolées à de si grandes dimensions, à une si grande trame subtile de l'existence. La boucle est bouclée, le charlatan a sorti son grand jeu : pour vous convaincre de la grandeur et de la sagesse de son savoir, il n'a à vous convaincre que d'une seule partie de son discours. Car tout est lié.

Soyons raisonnables : la taille du public n'est jamais la preuve de la qualité des idées avancées. Dans les véritables sciences, la reconnaissance se passe de public profane. Les vrais scientifiques se reconnaissent entre eux, via les revues spécialisées et la reproduction des expérimentations, et cela suffit. Quand une théorie est vraie, elle est vraie qu'elle que soit la taille et la qualité du public qui en a connaissance. Et Einstein, par exemple, n'a pas eu du tout besoin d'extrapoler sa théorie de la relativité générale sous forme de loi spirituelle pour y apporter du crédit et pour être reconnu.

Bref, c'est autant le pseudo-scientifique qui va tromper un public profane pour avoir son nom dans les journaux que le public profane qui porte caution à l'usurpation scientifique. Le pseudo-scientifique et son public profane sont inséparables.

Et, pour appuyer mon propos, je renvoie le lecteur à la première question dans l'avertissement en début d'ouvrage.

Confusion entre pseudo-science et science populaire

Une pseudo-science qui devient de plus en plus populaire, telle la noétique, ne doit pas être confondue avec une science populaire. La science populaire est un enseignement *vulgari-*

sateur des sciences naturelles officielles. Les cours et conférences de science populaire sont donnés soit par des journalistes scientifiques, soit par des scientifiques eux-mêmes, soit par des historiens des sciences. Les ouvrages et les revues de vulgarisation scientifique sont légion.

Quels sont les points communs entre une pseudo-science populaire et la science populaire ? Les enseignements de science populaire ou de pseudo-science populaire sont très similaires à un cours de collège ou de lycée : c'est une transmission de savoirs et de façons de penser et d'observer. Il y a un sachant, qui transmet à des ignorants. Dans les deux cas, les termes techniques ne sont pas exactement les mêmes que ceux utilisés par les scientifiques : ils sont simplifiés. Les raisonnements enseignés sont aussi plus simples que ceux des scientifiques. Ce sont des condensés simplifiés.

Mais les points communs s'arrêtent là. Dans un cours ou dans un ouvrage de science populaire, il y une insistance sur le matériel et les méthodes mises en œuvre. Tandis que dans un enseignement pseudo-scientifique, le « maître » n'insiste pas sur ses méthodes expérimentales, car elles sont en général faciles à saper. Par contre le maître insiste sur la validation de sa théorie par le « fait » qu'elle corrobore une certaine cosmologie / une certaine explication totale de la vie. Sa théorie, seule, est futile. De même que son explication totale de la vie. Mais *réunies*, elles se renforcent et se justifient l'une l'autre, ce que j'ai expliqué plus haut. En science populaire, le sachant s'abstient de faire une telle extrapolation qui déborde la légitimité de la science.

Le discours pseudo-scientifique, sous cet aspect, fait pencher la balance en sa faveur, car il est plus époustouflant, il est plus extraordinaire, qu'un cours de science populaire. C'est un discours qui part de la matière pour remonter jusqu'au sens de la vie. Le cours de science populaire va, au mieux, de la matière aux considérations éthiques liées aux techniques rendues possibles par la science en question. C'est un discours pragmatique, terre-à-terre, pour ne pas dire prévisible et ennuyeux. Le discours pseudo-scientifique apporte – prétend apporter – une perspective globale originale sur la matière et sur la vie, avec la même hauteur de vue et la même profondeur que les conclusions des plus grands philosophes de l'humanité. La science populaire frise avec le cours magistral ennuyeux ; la pseudo-science est exaltante. Dans notre société de loisirs, toujours à la recherche de sensations fortes, une conférence pseudo-scientifique est une garantie de faire salle comble.

Bref, le pseudo-scientifique, désireux de reconnaissance à tout prix, en oublie l'humilité intellectuelle. Et selon moi, ce manque d'humilité n'est pas compatible avec une authentique quête du sens de la vie. Il entraîne vers une lumière frelatée.

DÉCRIRE ET EXPLIQUER

Un autre point de repère pour différencier science et pseudo-science est la bonne utilisation du couple description / explication. En science on met un point d'honneur à utiliser des termes spécifiques pour décrire un phénomène naturel, qui ne sont pas les termes utilisés pour expliquer le phénomène. C'est très important. Dans une pseudo-science, il me semble que cette distinction n'est pas rigoureuse. Description et explication sont faits dans un seul et même mouvement, ou bien les descriptions sont ténues et les explications grandiloquentes. Ainsi, lors de la conférence de physique quantique, le conférencier a-t-il à peine décrit les phénomènes quantiques en question. Pas même une photo du dispositif expérimental, pas même un résultat d'expérimentation ne furent montrés au public. Le conférencier s'est contenté d'énoncer le principe du résultat, en justifiant cette simplicité par le fait qu'il faisait de la vulgarisation scientifique. Voilà qui est agréable ! Aucune personne présente dans la salle n'avait de document pour juger par elle-même du bien-fondé de ses propos. Durant les cours au collège et au lycée, vous vous rappelez que le professeur vous passait des documents dont vous deviez faire la lecture et l'analyse. Vous deviez apprendre à décrire et à expliquer. Un pseudo-scientifique ne vous donnera pas les moyens de faire cela, tout au contraire. Pour le cas Nicolas Fraisse la partie descriptive est ténue. Lors de la conférence qui a eu lieu en février 2017, elle est même inexistante. En effet, comme écrit sur le site internet de l'institut, les chercheurs ont pour objectif de déceler des corrélations neurophysiologiques avec l'état de sortie hors du corps. Mais rien de tel n'a été décelé jusqu'à présent. Concrètement, le cerveau de Fraisse fonctionne toujours de la même manière, que son esprit soit dans son corps ou hors de son corps. Pour comparaison, des programmes de recherche neuroscientifique ont été menés avec des moines bouddhistes en état de méditation[54]. Des corrélations entre l'état du cerveau et l'état méditatif ont été révélées. Ces états neurophysiologiques ont été décrits avec les méthodes et les termes des neurosciences. Il existe des graphes d'activité électrique du cerveau et des scanners du cerveau, qui prouvent que l'activation du cerveau n'est pas la même selon que le moine médite ou selon qu'il lit, qu'il réfléchit, qu'il écoute, qu'il dialogue. La méditation a une base concrète, biologique, et c'est pour cela que je considère que ces études scientifiques de la méditation ne sont pas de l'ordre de la pseudo-science. Jusqu'à ce que Dethiollaz et Fourrier amènent des preuves concrètes similaires, la noétique restera une pseudo-science, et l'on sera toujours en droit de supposer que Nicolas Fraisse ne fait qu'imaginer. Ou qu'il n'a

---

54 Lire les livres et articles relatant les conférences Mind and Life et les expérimentations associées, ainsi que mon mémoire de DEA sur ce sujet.

que la *sensation* de sortir hors de son corps. Ou qu'il a des complices et que tout cela n'est qu'une supercherie. Je rappelle que cela ne dévalorise pas du tout sa cosmologie, nuance.

DE LA SCIENCE À LA PHILOSOPHIE AU MYTHE À L'ÉSOTÉRISME À LA SECTE

Science et philosophie

Certains passages de la science à la philosophie sont logiquement fondés, sont sérieux, sont dignes d'intérêt. Ainsi, les rencontres entre des physiciens et le Dalaï-lama lama (les rencontres Mind and Life) sont des moments d'exploration approfondie de ce que la philosophie bouddhiste peut avoir comme points communs avec la physique d'Einstein et la physique quantique. Effectivement, dans la philosophie bouddhiste, mais aussi dans les grandes philosophies de la Grèce antique, on trouve des « modèles » du monde basés sur l'atome, sur l'interdépendance, sur les ondes, sur la dualité matière / énergie. Il existe des similitudes entre les façons de penser le monde physique à une échelle extrêmement petite (physique quantique), à une échelle extrêmement grande (relativité générale) et les façons bouddhistes de penser le monde à ces mêmes échelles. Lors des rencontres Mind and Life, les physiciens ont alors demandé aux bouddhistes « comment vos maîtres passés savaient-ils cela, à leur époque » ? La réponse est simple : par la pratique intense de la méditation, ces ascètes philosophes étaient parvenus à « voir » la structure de la réalité dans ses plus infimes constituants ainsi qu'à l'échelle de l'univers. Les « anciens » savaient.

Certes, cette affirmation que les anciens savaient ne mange pas de pain. Avec ce savoir ils n'ont réalisé aucune machine. Et ce savoir était vraisemblablement de l'ordre de l'intuition –

tout comme chacun de nous sait ce qu'est le soleil en recevant sa lumière et sa chaleur, mais ne sommes pas pour autant capable d'utiliser la fusion nucléaire qui donne au soleil ses caractéristiques.

Les conférences Mind and Life, si elles ont donné lieu à des expérimentations neuroscientifiques sur la méditation, n'ont donné lieu à aucune expérimentation originale en physique. Physiciens et bouddhistes se sont contentés de constater certaines similitudes dans les façons de penser, à un niveau philosophique. Et ça s'est arrêté là[55].

Mythe et ésotérisme

Je ne peux pas étudier les pseudo-sciences sans évoquer le « savoir, ou la sagesse, des anciens ». Les pseudo-scientifiques s'y réfèrent abondamment, pour donner du crédit à leurs théories. La sagesse des anciens est au cœur de nombreux courants ésotériques, dont l'alchimie. Explications.

La sagesse des anciens. Le savoir des anciens a été perdu il y a fort longtemps, aux environs de 5000 ans avant Jésus-Christ. C'est le savoir des premières civilisations qui ont inventé l'agriculture. Les Égyptiens en connaissaient encore certains éléments. Ils ont été conservés et transmis de génération en génération par des confréries secrètes d'initiés, afin que ce savoir ne tombe pas entre de mauvaises mains. Aujourd'hui la franc-maçonnerie se présente comme porteuse de savoirs immémoriaux. Pour devenir un initié, il faudra d'abord se comporter noblement dans la société, il faudra avoir l'esprit ouvert, il faudra oser sur des chemins que le peuple moque, il faudra persévérer, suivre sans relâche l'intuition que l'on est sur la bonne voie. Alors un maître vous reconnaîtra et vous initiera : vous pourrez rentrer dans la

---

55 Cf. mon mémoire de DEA.

société secrète, où vous sera révélée petit à petit la sagesse des anciens. Quand est-ce que l'Homme s'est écarté de la véritable connaissance ? J'ai écrit plus haut aux environs de -5000 ans. Mais on peut supposer que ce moment est antérieur. C'est peut-être le moment que je considère être la naissance de l'humanité : le moment où les humains ont commencé à comprendre qu'ils sont dans la Nature tout en étant distincts d'Elle. *L'Homme a commencé à se différencier de la Nature quand il a commencé à se consacrer à la technique.* Les objets créés de la main de l'homme, à partir de matériaux naturels, ces objets (ustensiles de chasse, habits, etc.) qui ne sont ni tout à fait humains ni tout à fait naturels, ont fait naître la dualité Homme-Nature, car ces objets constituaient de facto une troisième catégorie « d'existant » venant s'insérer entre la Nature et l'Homme. Une trinité a émergé d'un coup de l'unité. Avant la séparation, l'Homme Savait. Il était un avec la Nature et il savait ce que la Nature savait. Mais il s'est pris d'amour pour ses propres créations, ses outils, pour ses propres envies, et ainsi il s'est éloigné de la Nature et il a perdu le Savoir. C'est la *scission originelle*, que l'on trouve dans les mythes d'origine de tous les peuples de la terre. La scission était certainement inévitable ; j'ai envie d'écrire que nous ne pouvions pas échapper à notre destin. Nous ne pouvions certainement pas faire autrement que d'inventer des objets. Et aujourd'hui, on se demande s'il est possible de recoller les morceaux, de réunir l'Homme et la Nature. Et ainsi de renouer avec la sagesse des anciens. Quand bien même la présence de la technique ne peut pas être ignorée aujourd'hui.

Le savoir et le savoir-faire de nos ancêtres – Homo erectus vraisemblablement – est-il parvenu jusqu'à nous ? Via les traditions les plus anciennes ? La quête du savoir des anciens constitue la trame de base de quasiment tous les ésotérismes : alchimie, théosophie, anthroposophie, franc-maçonnerie, rose-croix et on le retrouve... dans de nombreuses pseudo-sciences[56] !

Que se passe-t-il quand on croise ce mythe avec la science ? On en vient à penser que *la science ne fait que redécouvrir ce que les anciens savaient.* Pour les tenants des pseudo-sciences, la technique est le chemin qui permet de « retourner » sinon de retrouver le savoir des anciens. Selon eux, il ne peut pas en être autrement. Et dans les sectes, dans certaines pseudo-sciences, on fait un pas de plus : on affirme que ce Savoir permet des prouesses extraordinaires. Clairvoyance, psychokinésie, décorporation... Voilà à quoi mène *l'incrémentation* dans les pseudo-sciences. L'esprit a le pouvoir sur la matière, et nous ne sommes plus soumis à la matière. Cf. Nicolas Fraisse qui exprime son souhait de pouvoir un jour traverser les murs sans sortir hors de son corps.

Disons que renouer avec le savoir des anciens par l'intermédiaire de la technique – par là j'entends la recherche scientifique la plus pointue – est une croyance moderne. Avant de préciser, notons cette implication importante : dans ce cas, la science sert à prouver le mythe de la scission originelle et ses corollaires. De la même façon que les créationnistes utilisent la science pour prouver la création du monde par Dieu. Or cela est strictement interdit par le noma... La science n'a pas vocation à prouver la véracité d'un mythe.

Le noma de Stephen Jay Gould et la critique ferme et ininterrompue du créationnisme par la communauté scientifique, ont sapé les tentatives des créationnistes et de l'intelligent design de s'imposer comme science dans les écoles et dans l'esprit du grand public. Pourquoi n'en est-il pas de même pour toutes les autres pseudo-sciences qui incluent un noyau de croyance ? Parce que, en ce qui nous concerne ici, le mythe

---

56 Et cela constitue souvent la trame des romans à mystères, tels que *Le concile de pierre*, de Jean-Christophe Grangé, et *Le symbole perdu*, de Dan Brown.

de la scission originelle et du savoir des anciens est bien moins connu du grand public que le mythe de la création divine du monde en sept jours. C'est pourquoi les scientifiques ne s'engagent pas avec autant de vigueur pour dénoncer ces pseudo-sciences qui entendent prouver le savoir des anciens sous couvert de science.

Je dois maintenant expliquer l'idée de croyance moderne évoquée plus haut. Vous me direz qu'on a bien le droit de croire qu'il y a eu une scission originelle, que l'Homme a perdu des capacités, que la science doit nous remettre dans le « droit chemin » (au lieu de nous perdre avec des techniques douteuses telles que le clonage et les OGM par exemple). On a aussi le droit de concevoir la science comme une entreprise servant à démontrer que notre réalité n'est qu'une fraction d'une réalité plus grande, que nous sommes, en tant qu'individus, des fractions d'une conscience globale et donc que nous avons plus de capacités que ce que notre enveloppe charnelle semble permettre à première vue. Oui, vous avez bien sûr le droit d'avoir cette conception de la science. Vous avez le droit de penser que telle domaine de recherche est bien parce qu'il tend à prouver, du moins à se rapprocher du savoir des anciens. Et que tel autre domaine de recherche est néfaste parce qu'il s'en éloigne. C'est une croyance moderne. En France « liberté absolue de conscience », comme dit le proverbe. Je ne suis pas et je n'ai jamais été un scientifique à la pointe de la recherche, et donc je ne peux pas affirmer que telle ou telle science se rapproche du savoir des Anciens. Seuls des scientifiques reconnus comme Hubert Reeves pourraient dire « oui, il y a très longtemps certains sages avaient eu des intuitions qui étaient correctes, et dont on apporte aujourd'hui seulement la preuve ». Moi je n'ai pas la légitimité pour faire une telle affirmation ; donc si vous pensez que la science moderne ne fait que réhabiliter le savoir des anciens, il faut vous référer à ce qu'en disent de grands scientifiques. Hubert Reeves, Jean Rostand, Albert Einstein, Stephen Hawking, Darwin... Je vous ferai juste la critique que ce que vous croyez est plutôt un choix. C'est un choix d'interpréter le rôle de la science de cette façon plutôt que d'une autre, la façon matérialiste par exemple. Et l'histoire nous enseigne que décider du rôle de la science n'est pas anodin. On extrapole de la matière à l'Homme. Rappelez-vous que le darwinisme, interprété d'une certain façon, a conduit au darwinisme social, à la science des races et à l'eugénisme.

De l'ésotérisme à la pseudo-science sectaire

La scientologie est la pseudo-science sectaire la plus connue. De nombreux ouvrages ont été consacrés à cette secte qui combine manipulation mentale et appareillage pseudo-scientifique pour attraper ses proies, afin de les amener à croire à une cosmologie tout à fait farfelue. À partir de quand faut-il donc se méfier d'un pseudo-scientifique ? De nos jours, je vous dirais qu'il faut *toujours* avoir l'esprit critique. Même, hélas, trois fois hélas, envers la science « officielle ». Et il faut se méfier sérieusement à partir du moment où le pseudo-scientifique vous demande des informations personnelles. Surtout si ce sont plusieurs personnes, vraisemblablement proches du pseudo-scientifique, qui cherchent à savoir où vous vivez, ce que vous faites, ce que vous croyez. Des personnes qui vont vous dire que ce que vous faites est bien, que vous êtes sur la bonne voie, et qu'il faut venir avec elles pour en savoir plus ! En annexe je vous propose quelques éléments, que la MIVILUDES m'a aidé à préciser, pour reconnaître une dérive sectaire.

PSYCHOLOGIE DU PSEUDO-SCIENTIFIQUE

Les pseudo-scientifiques, tôt ou tard dans leur présentation orale ou écrite, dénoncent la rigidité des scientifiques qui refusent d'étudier certains phénomènes. « Les scientifiques sont sectaires, ils refusent des perspectives nouvelles ». Les pseudo-scientifiques ne sont pas contents à l'égard de la science « conventionnelle ».

Mais leur détestation de la science n'est-elle pas erronée ? Que fait un pseudo-scientifique – ou la personne que l'on qualifie de tel ? Il défend une seule et même idée. Même si la logique ne lui donne pas raison, même si l'expérimentation ne lui donne pas raison, mêmes si les scientifiques jugent inutiles de reproduire ses expérimentations.

Que fait un scientifique ? Un scientifique ne défend pas une idée. Un scientifique, comme l'expliquait le professeur en charge de la section de microbiologie de l'université de Hanovre où j'ai eu la chance de pouvoir faire un stage, est quelqu'un qui se lève le matin avec dix idées en tête, et constate en fin de journée que pas une seule n'a répondu aux critères de scientificité. Jusqu'à ce que, entre une centaine d'idées, *une* idée se révèle potentiellement intéressante.

Le pseudo-scientifique, hélas pour lui mais il faut bien le dire, n'est pas assez intelligent. Il n'arrive pas à imaginer assez d'idées. N'est pas scientifique qui veut – moi-même je n'ai pas cette capacité. Le pseudo-scientifique ne comprend pas cela, et il croit mordicus que *son* idée est bonne. Alors que le scientifique dispose d'un large éventail d'idées, dont une ou quelques-unes seulement vont correspondre à la réalité, après avoir été testées.

Certains scientifiques deviennent des pseudo-scientifiques, car ils perdent de vue qu'une idée en soi n'est pas importante. La réalité est si vaste et si complexe qu'il est invraisemblable que la première idée venue permette de décrire et d'expliquer la réalité.

Bien sûr, aucun scientifique ne fait de conférence publique pour présenter tout son éventail d'idées. Car seuls ses collègues peuvent comprendre ses idées, aucunement l'homme de la rue.

Le scientifique est content dans son métier, non pas seulement parce que telle ou telle idée se révèle pertinente, mais parce qu'il a fait tout un travail d'imagination et d'expérimentation. Imaginons qu'un scientifique découvre que la valeur d'une constante est 8,417. Il n'en serait pas moins content si elle était 7,417. La réalité est ce qu'elle est ; elle existe avant même que le scientifique existe. Tandis que le pseudo-scientifique ne satisfera *que* de la démonstration de son idée. Et il sera très déçu, même vexé, quand la science démontrera que son idée est fausse. Que la valeur de la constante est 8,417 et non 7,77 (trois fois le chiffre sacré...) Donc il sera déçu que la nature est telle qu'elle est, c'est-à-dire qu'elle n'est pas comme son idée ! Ce n'est pas sérieux.

CRÉDIBILITÉ

Je pratique le maraîchage agroécologique, et pour les agriculteurs et les ingénieurs agronomes matérialistes, l'agroécologie passe certainement pour une pseudo-science. Mais la science a fourni récemment l'explication des effets d'une technique agroécologique. Dès les années 1940, Masanobu Fukuoka avait eu l'intuition que le paillage du sol (recouvrir le sol entre les rangs de culture avec de la paille) rendrait le sol plus fertile. Et dès les années 1960 il avait effectivement constaté que son sol demeurait fertile grâce au paillage. Mais il n'en avait pas l'explication. Il y a quelques années, on a donc démontré scientifiquement que la paille, riche en carbone, enrichit le sol en azote. Cela via des bactéries qui utilisent l'azote de l'air pour consommer la paille, bactéries qui sont ingérées par les vers de terre et l'azote se trouve ainsi incorporé à la terre.

La différence entre l'agroécologie et une pseudo-science est que l'agroécologie repose sur des techniques dont les effets sont constatés mais pas encore tous expliqués. Alors que les pseudo-sciences ne reposent souvent que sur des intuitions, ou des interprétations de principes dans le meilleur des cas. Elles ne sont qu'au stade de l'intuition, de l'idée, du principe éventuellement. Elles n'en sont pas au stade où leurs techniques produiraient avec certitude des effets. Ou elles n'ont aucun effet à constater.

Stade 1)   Intuitions, idées, hypothèses, principes, théories

Stade 2)   Développement d'une ou plusieurs techniques et/ou expérimentations

Stade 3)   Effets constatés mais inexpliqués
ou
pas d'effets constatés

Stade 4)   Effets expliqués
ou
effets qui n'ont pas la cause supputée[57]

Ainsi la pseudo-physique quantique n'est qu'un ensemble de principes ; les effets qu'elle prédit ne sont pas observables. Ce ne sont que des interprétations des effets observés par la vraie science quantique. La théorie d'Emoto est soutenue par

---

57 Ainsi de l'activation du compost selon la méthode Bruce.

des effets observés (les différentes formes des cristaux) grâce à la technique qu'il a inventée. Mais il est possible que ces différences ne soient pas causées par les « vibrations » de l'eau. Donc la *justification à tendance scientifique* de la cosmologie d'Emoto est plus crédible que justification à tendance scientifique de la cosmologie de la pseudo-physique quantique. Qui est elle-même plus crédible que la justification à tendance scientifique de la cosmologie de Fraisse, qui ne s'appuie même pas sur des techniques ou des expérimentations valides.

Les cosmologies, en elles-mêmes, sont plausibles. Mais leur justification, selon moi, est soumise à interrogation voire ne tient pas la route du tout.

INTRICATION ET INCRÉMENTATION

En début d'ouvrage j'ai évoqué l'aspect d'intrication (enchevêtrement complexe) qu'arbore chaque pseudo-science. Cela signifie que les interprétations avancées et que les cosmologies avancées sont toutes reliées entre elles : chaque pseudo-science s'appuie sur au moins une autre pseudo-science. Des mêmes faits servent de base à plusieurs pseudo-sciences. Des mêmes interprétations sont utilisées par plusieurs pseudo-sciences, mais appliquées à des faits différents. La cosmologie de l'une est partie de la cosmologie de l'autre. Ou en est complémentaire. C'est ce qu'on peut appeler l'intrication interne.

L'intrication externe existe aussi. Ainsi chaque pseudo-science trouve des éléments complémentaires de justification (ou prétend en trouver) dans d'autres domaines (psychologie, sociologie, économie, machinisme, etc.) ainsi que dans les anecdotes de la vie quotidienne et dans l'ésotérisme.

Bien souvent le pseudo-scientifique évoque une rencontre inattendue, un évènement inattendu dans le flux de la vie quotidienne, et explique que cela n'est pas dû au hasard. Qu'il n'y a pas de coïncidence, mais des synchronicités. Que ce sont des champs morphiques[58]. Et que ces évènements sont des preuves supplémentaires en faveur de sa cosmologie[59].

En ésotérisme l'intrication est chose banale. Je vous en donne un exemple. Partons d'une pseudo-science qui défend la cosmologie du savoir des anciens (dont j'ai apporté ma définition personnelle en page 176). Le pseudo-scientifique vous présente un appareil, un protocole expérimental et des résultats prouvant que le monde est organisé d'une certaine façon, ce que les anciens savaient déjà, et que l'on trouve des traces de ce savoir dans les grands textes sacrés. Et donc que la science moderne ne fait que prouver le savoir, sinon les intuitions, des anciens. Vous doutez de la fiabilité du protocole expérimentale et de l'analyse des résultats. Mais bon, que ces résultats soient bien ou mal interprétés n'enlève rien à la théorie du savoir des anciens. Il y a d'autres preuves qui vont dans le sens de cette théorie. Par exemple les animaux. Plus précisément les animaux qui n'ont pas été modifiés pour les besoins de l'élevage. Ces animaux, un chat par exemple, ou une grenouille dans votre jardin, existaient déjà du temps de nos ancêtres. Avec nos ancêtres ils partageaient le savoir universel et entier (non scindé) de la Nature, parce que nos ancêtres, ces animaux et la Nature ne faisaient qu'un. Avez-vous regardé un chat en vous débarrassant de toutes vos habitudes de pensée ? Une grenouille. Et n'avez-vous pas eu l'impression que ces animaux *savent* ? S'il existe une réponse à la question du sens de la vie, et donc une vie en conformité avec l'ordre du monde, ces animaux-là ne sont-ils pas les dépositaires de ce savoir originel ? Et ne le mettent-ils pas en pra-

---

[58] Concept controversé développé par le pseudo-scientifique Rupert Sheldrake.
[59] Les scientifiques opposent à de tels arguments la théorie des grands nombres et, plus simplement, les statistiques.

tique sous nos propres yeux ? N'est-on pas en droit de penser que si eux savent, nos ancêtres savaient aussi ?

Je confesse que c'est là une de mes théories ésotériques favorites !

En fait, le pseudo-scientifique vous amène à une cosmologie, à une théorie, qu'il est toujours possible de supposer vraie, parce qu'on trouve toujours des arguments qui vont dans ce sens.

Le vrai scientifique qui lit ces lignes doit s'arracher les cheveux. Le pauvre ! Il voit que nous sommes partis bien loin de la science, car nous sommes arrivées à des idées où « tout est dans tout ». Nous avons une théorie qui peut tout expliquer et tout peut expliquer cette théorie ! Alors qu'une théorie scientifique est rigoureusement délimitée. Une théorie scientifique rassemble une ou quelques lignes de causalité stricte. Une théorie repose sur un *faisceau* d'hypothèse vérifiées. Et elle est entourée d'une myriade d'hypothèses qui se sont révélées fausses. Une théorie scientifique explique le devenir d'*un élément* de la réalité ; elle ne concerne que cet élément. Tandis qu'une théorie pseudo-scientifique est holiste. Si elle est holiste, expliquant tout, alors on ne peut pas prouver qu'elle est fausse. On ne peut jamais la contredire. Or est-ce parce que l'on ne peut pas contredire une affirmation qu'elle est vraie ? ... Attention, il y a là un piège de la pensée dans lequel il est facile de tomber.

En science, quand le chercheur imagine une hypothèse, il est indispensable qu'il imagine dans quelles conditions il serait montré que son hypothèse est fausse. C'est le principe de falsifiabilité de Karl Popper. Par exemple, Masaru Emoto a formulé l'hypothèse « dans telles conditions C, l'eau doit former des cristaux harmonieux ». Mais a-t-il formulé l'hypothèse inverse : dans telles conditions Z, l'eau doit former des cristaux irréguliers ? C'est ce qu'on appelle aussi un contretest. Dans ce cas, il l'a fait. Mais notre pseudo-physicien, lui, n'a aucune hypothèse inverse et aucun contre-test à proposer. Ainsi on peut dire que Emoto est plus rigoureux, plus scientifique, que ce « physicien »[60].

Mon exemple sur la base de la théorie du savoir des anciens montre aussi cet aspect d'incrémentation caractéristique des pseudo-sciences. Chaque argument permet de passer à un nouvel argument dont l'assise est toujours plus grande. In fine le pseudo-scientifique nous met face à des arguments que *tout le monde* peut tester dans sa vie quotidienne *et interpréter à la façon du pseudo-scientifique*. Et plus grand est le nombre de personnes qui trouvent une idée vraisemblable, plus il est malvenu de critiquer cette idée, plus cette idée devient une vérité. Les publicités fonctionnent sur ce principe : plus grand est le nombre de personnes qui entendent une publicité, et plus cette publicité est répétée souvent, qu'importe si elle est mensongère, elle va quand même devenir une référence pour tous ces gens. Et une personne qui doute, mais qui rencontre une personne convaincue, va avoir confiance en cette personne et va abandonner son doute[61].

SCIENCE DÉVOYÉE ET ÉSOTÉRISME

Après tant de critique et de relativisation des pseudo-sciences, il est bon à nouveau de faire redescendre un peu la science du piédestal sur lequel je la porte souvent.

J'ignore ce qu'étaient exactement le savoir ou la sagesse des anciens. Comme je l'ai déjà écrit, je pense que cette

---

60 Mais on peut critiquer d'autres aspects de sa théorie, notamment la purification de l'eau par ultrasons générés par ... des prières. Il relate que c'est par ce mécanisme qu'un lac a été purifié de ses algues toxiques. Mais les ultrasons auraient dû tuer aussi les algues non toxiques, les poissons, les crustacés. Bref, le lac aurait dû être stérilisé, ce qui ne s'est pas réalisé bien sûr.
61 C'est pour cela que je suis contre toute forme de publicité à grande échelle : je considère que c'est de la manipulation mentale *via* un mécanisme sociologique.

conception de la science qui ne peut que revenir à ce savoir est juste une interprétation confortable. L'histoire montre que les peuples « premiers », qui vivaient par et dans la nature, n'ont pas pris la voie de la science et de la technique à la différence de nos ancêtres occidentaux et du moyen-orient. Ces rares peuples qui existent encore aujourd'hui forment des sociétés radicalement différentes de la nôtre. À ma modeste échelle, en tant que maraîcher, je peux attester que la science et certaines de ses déclinaisons techniques sous forme de machines, conduisent à séparer toujours plus l'Homme de la nature. L'écart entre notre société et celles des peuples premiers se creuse toujours davantage parce que nous nous séparons toujours davantage de la nature. Dans l'agriculture industrielle d'aujourd'hui, l'agriculteur ne touche plus les graines, ne touche plus la terre, ne touche plus les plantes qu'il cultive ni les animaux qu'il élève ni les fruits et les légumes qu'il récolte. Il ne marche même plus sur la terre de ses champs. Tout le temps la machine est interposée entre l'Homme et la nature[62]. Quelle prise de distance, alors qu'il y a encore une vingtaine d'années seulement, les derniers paysans « goûtaient » la terre, la mettaient dans leur bouche, pour évaluer sa force ![63] Imaginez, cette dégustation se passait peut-être comme une dégustation de vin.

Mais je fais aussi le constat que certaines applications techniques de la science ne rompent pas le lien avec la nature. Ce sont ces techniques que j'utilise dans mon jardin agroécologique. Ces techniques impliquent un contact au plus près avec la nature et, par moments, elles deviennent inévitablement des pas sur un chemin spirituel (cf. mon livre *Quand la nuit vient au jardin, émotions déplaisantes et ephexis au jardin agroécologique*). Côtoyer la nature, vivre dans elle et par elle est, je

---

[62] Plus de détails dans mon livre *L'agroécologie c'est super cool !*
[63] Paul Bedel, *Nos vaches sont jolies parce qu'elles mangent des fleurs*, Albin Michel, 2017

dois bien l'admettre, un chemin ésotérique. Pour vous lecteur qui me lisez sans connaître cette proximité, il vous manque quelque chose pour comprendre ces phrases. La proximité avec la nature doit être vécue et non seulement vue de l'extérieur, en me lisant. Mais est-ce que ce chemin pourrait conduire, *re*conduire, au savoir des anciens, du temps d'avant la scission originelle ? Je ne peux pas en être certain...

Ce qui est certain est que l'agriculteur qui ne jure que par ses machines et ses détecteurs de haute précision, parce que la science a rendu ces techniques possibles, a rompu le lien avec la nature. Cela ne peut pas rester sans conséquences psychologiques, pour l'agriculteur et pour toutes les personnes qui mangent ses récoltes. Je crois que cet excès de technique, à cet endroit-là de notre société, est comme un goulot d'étranglement. La nature ne diffuse plus assez dans la société. Il en résultat une baisse de la joie de vivre, de l'énergie vitale et de l'intelligence de tous les habitants du monde occidental qui sont nourris par l'agriculture industrielle.

On n'a pas besoin de science et de technique partout. Vouloir de la science et de la technique partout, c'est du holisme, le même holisme des cosmologies pseudo-scientifiques, ce même holisme que les scientifiques dénoncent et combattent. Mais on ne dénonce pas un holisme si c'est pour le remplacer par un autre holisme. *La science n'a de légitimité à dénoncer le holisme des pseudo-sciences que si elle-même sait se restreindre.* Les apôtres de la science partout, de l'innovation partout et de la technique partout, ne font qu'encourager les discours pseudo-scientifiques. Une promotion de la science et de l'innovation plus mesurée, plus circonstanciée, des applications techniques plus contrôlées, plus justifiées, éviteraient que des holismes tout à fait opposés à la science ne se répandent dans les mêmes proportions. Le créationnisme et l'intelligent design que les scientifiques dénoncent avec tant de vigueur ont émergés par compensation aux excès de la science[64]. Autre exemple : la récente décision d'inoculer onze vaccins simultanément aux jeunes enfants. Alors que quatre seulement sont nécessaires, la ministre de la santé n'apportant pas la preuve que les conditions actuelles d'hygiène publique favorisent la prolifération des huit autres maladies. Dans ce cas de scientisme avéré, la science en devient même une pseudo-science ! Cette décision idéologique détruit la confiance dans la vaccination et renforce les médecines naturelles ainsi que le refus de la science. La France, notre bon pays, entre démagogie, idéologie et incompétence...

Pour moi, une vision du monde où l'Homme est sur le chemin pour renouer avec l'unité originelle est une vision possible. Au même titre qu'un monde où l'Homme n'est qu'un produit du hasard des lois de la nature qui s'entrechoquent et où après la mort il n'y a rien ! Au même titre encore qu'un monde où l'Homme parvient à concilier respect de la nature et utilisation délimitée de la science et des techniques. Toutes ces visions sont des possibilités. Je n'en écarte aucune. Dans ma quête du sens de la vie, parfois elles me semblent proches, parfois elles me semblent lointaines. Parfois elles me semblent réelles, parfois elles me semblent illusoires. Parfois je penche pour l'une parfois je penche pour l'autre. Consacrer du temps à les soupeser, à les analyser, à les critiquer c'est s'éloigner de la réalité. On peut penser que tant d'abstractions ne servent à rien. Mais cela me fait du bien. J'en ai besoin. Réflexion pure. Mais je n'en abuse pas – je ne le peux pas. J'ai tout autant besoin de réalité, de matière, que de tacler le doute légitime de la docte ignorance. Je vis en alternant travail de réflexion et travail physique au jardin !

---

64 J'ignore s'il existe une telle loi sociologique des compensations, mais cela est bien observable en politique. À une politique démagogique succède une politique autoritaire. À une politique de non-restriction s'oppose une politique de fermeture sur soi.

Avec une personne de bonne foi, il est enrichissant de réfléchir aux différentes visions du monde. Mais avec un inconnu ? On peut écouter un inconnu nous parler du savoir des anciens par exemple, mais il convient alors de deviner s'il attend quelque chose de nous, s'il veut abuser de notre ouverture d'esprit ou pas. L'ouverture d'esprit est importante, c'est comme une porte, pour aller voir au-delà de ce que nous savons. Mais quand nous ouvrons cette porte pour sortir, nous l'ouvrons aussi sur notre intérieur, qui est alors exposé sans protection autre que notre autonomie de pensée. Les charlatans attendent ce moment-là avec impatience. On ouvre notre « moteur » pour l'améliorer, mais le charlatan veut y mettre à notre insu les graines de la dépendance. Et nous voilà tenus en laisse ! Et on achète des séries de livres, on paie des séries de séminaires... Danger ! Je me sens serein et stable d'esprit pour aborder les pseudo-sciences et l'ésotérisme en ouvrant mon esprit et en étant ouvert à tous les possibles, *parce que tout ce que je vais entendre et lire ne peut pas m'envahir.* Mon travail concret au jardin est un contre-poids aux explorations intellectuelles les plus poussées et à l'imagination libérée. Il me ramène toujours à ce qui est. Je vous invite donc, cher lecteur, à ne pas vous cantonner aux livres. À ne pas essayer de jauger telle ou telle pseudo-science en la confrontant seulement à d'autres domaines intellectuels. Les pseudo-sciences sont tellement intriquées qu'il vous sera impossible de conclure. Et vos lectures s'accumuleront sans que vous puissiez rien en faire. Je vous invite, dans les mêmes proportions que vous lisez et réfléchissez, à exercer une activité concrète, manuelle. La Vérité est un puzzle dont je cherche les pièces à la fois dans le monde des idées et dans la réalité la plus immédiate.

SCHÉMA DE SYNTHÈSE

L'objectif de ce schéma est d'éclaircir autant que possible les similitudes et les différences entre science, pseudo-science et quête de sens.

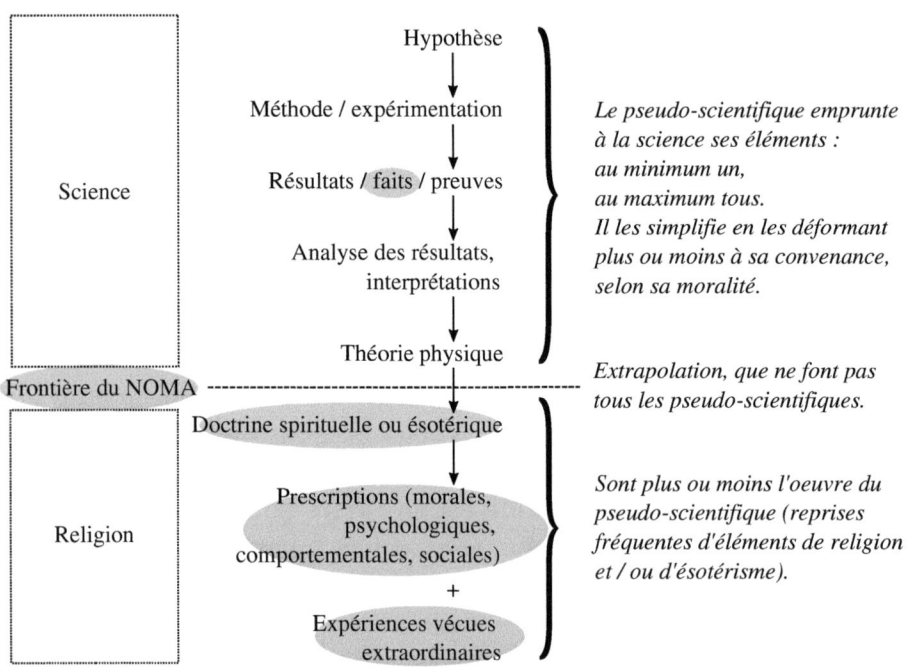

En grisé : points sur lesquels le chercheur du sens de la vie va concentrer ses analyses et ses réflexions, n'étant ni un scientifique ni un croyant (dans le cas de l'auteur : posture de la docte ignorance).

Je rappelle que la quête du sens de la vie n'est pas seulement un acte de pensée. Elle est globale : elle est à parts égales pensée (réflexion, imagination), émotions et actions concrètes.

CONCLUSION

COMPLÉMENT DE DÉFINITION DES PSEUDO-SCIENCES

Qu'est-ce donc qu'une pseudo-science ? Le lecteur aura compris qu'il est impossible d'en donner une définition catégorique et définitive. Mais les pseudo-sciences sont-elles toutes néfastes ? Dangereuses ? Comment distinguer les charlatans des honnêtes apprenti-scientifiques ?

Considérons l'étymologie d'un terme plus courant que pseudo-science : le pseudonyme.

Le Larousse 2012 nous dit : du grec *pseudês*, faux, et onoma, nom. Pseudonyme : nom choisi par une personne pour dissimuler son identité [...] nom d'emprunt [...] Le Lalande (3e édition « quadrige » 2010, 2e tirage 2013) nous dit de pseud... ou pseudo... : S'emploie en composition avec un grand nombre de radicaux pour désigner ce qui ressemble à la chose considérée, ou ce qui passe pour tel, sans l'être véritablement. Mais de cette signification très générale il faut distinguer deux applications très différentes : A. Formation de termes désignant, d'une manière objective, certains phénomènes bien définis. Notamment : pseudesthésie, pseudomnésie, pseudoscopie [...] B. Qualification péjorative impliquant que qui s'en sert juge illusoire ou illégitime ce qu'il désigne ainsi. Par exemple : pseudo-concept, concept illusoire [...] pseudo-idée, idée confuse ou inexistante, qui se réduit à un mot, pseudo-problème, problème apparent, qui cesse de se poser quand on analyse les présuppositions contenues dans ses prétendues données.

« Dissimuler », « ressembler ». Étymologiquement la pseudo-science ressemble à une science, mais elle n'en est pas une ; elle n'en a pas l'identité, elle n'en a pas les objectifs.

On peut donc faire, sur la forme, la différenciation suivante entre ce que j'appellerai une pseudo-science « objective » et une pseudo-science « dissimulatrice ».

- Pseudo-science objective : science qui n'a pas encore atteint le statut de science véritable, qui est en cours de reconnaissance, ou non, par la communauté scientifique. La personne qui revendique constituer la nouvelle discipline scientifique s'efforce d'acquérir et de développer toutes les méthodes propres à la science reconnue. Cela ressemble à de la science, ce n'en est pas encore, et cela le sera un jour, ou ne le sera pas parce que la communauté scientifique n'aura pas été convaincue. Ainsi toutes les disciplines scientifiques actuellement reconnues furent, à leur naissance, des pseudo-sciences objectives.

- Pseudo-science dissimulatrice : la personne qui revendique constituer la nouvelle discipline scientifique ne *s'efforce* pas d'acquérir et de développer des méthodes scientifiques. Elle n'utilise que des phénomènes scientifiquement avérés, dont elle prétend que les interprétations des scientifiques reconnus (les théories admises) ne sont pas valides et qu'elle seule possède l'interprétation correcte. Cette personne n'est pas en mesure de prouver ce qu'elle avance. Si elle utilise des appareils qui sont censés apporter des preuves, ces appareils sont des pseudo-appareils truqués, ou des appareils qui résolvent des pseudo-problèmes (levés par l'effet placebo), ou des appareils qui produisent avec régularité des artefacts. La dissimulation est triple : la personne n'est pas un scientifique, la théorie qu'elle défend n'est pas de l'ordre de la science (elle n'est pas scientifiquement testable et/ou ne relève pas de la matière, cf. NOMA) et ses appareils ne sont pas fonctionnels voire n'existent même pas.

Si l'on ne devait retenir qu'un seul critère pour différencier une pseudo-science d'une science, quel serait-il ? C'est un critère de fond évoqué précédemment : *l'intention*. Le vrai scientifique n'a pas d'autre intention que d'inventer des théories et de les tester, toutes actions faites en utilisant les méthodes scientifiques (parcimonie de pensée, logique expérimentale, etc.) Le scientifique n'a pas l'intention de prouver « coûte que coûte » que seule *sa* théorie décrit la réalité ; la méthode scientifique, s'il la comprend et l'applique correctement, ne l'autorise pas à penser ainsi. Cette méthode scientifique l'oblige à envisager qu'il peut se tromper. Cette méthode lui permet d'avoir l'esprit ouvert pour pouvoir identifier et expliquer des pans nouveaux de la réalité, quels qu'ils soient, en imaginant différentes théories explicatives et en les testant l'une après l'autre. Le vrai scientifique est humble : il accepte que nombre de ses théories soient fausses.

Tout au contraire le pseudo-scientifique a l'esprit obnubilé par une seule théorie. Il entend faire admettre à ses interlocuteurs qu'il a raison, et pour cela il est prêt à utiliser des arguments qui n'ont qu'une *apparence* de scientificité. Et en premier lieu des mots qui « sonnent » scientifiques (« radionique » par exemple). Et cela suffit à convaincre le grand public. La science étant affaire de spécialiste, en s'adressant au grand public le pseudo-scientifique peut être certain que personne ne pourra contredire ni même repérer ses mauvaises utilisations et ses déformations des méthodes scientifiques. Il parie sur l'ignorance de son public pour se faire reconnaître en tant que scientifique.

Mais maintenant que vous avez lu ce livre, même si vous n'êtes pas un scientifique ou si vous n'êtes pas au courant des dernières découvertes scientifiques, vous pouvez juger de l'origine morale et de la crédibilité d'une pseudo-science et vous en faire un avis éclairé[65].

REVENIR À LA QUÊTE DU SENS DE LA VIE

Les pseudo-sciences me font réfléchir. Elles m'obligent à questionner ma largeur de vue, mes centres d'intérêts, mes certitudes. Elles m'incitent à réfléchir autant sur la réalité matérielle quotidienne, ici et maintenant, que sur notre destinée et sur la place de l'humanité dans le cosmos. Vergez et Huisman nous rappellent qu'il existe une morale scientifique ; que même si les théories scientifiques sont indépendantes de l'état de notre société, elles ont été produites par des hommes et des femmes qui avaient une certaine idée de l'humanité. La science ne peut donc pas être coupée des considérations morales et des considérations relatives au sens de la vie. Voyez comme aujourd'hui l'éthique progresse : la question du respect des plantes, du sol, des animaux, de l'air est sur la place publique. Des lois sont votées pour passer des paroles aux actes. La science de demain sera influencée par ces éléments de conception du sens de la vie.

Les pseudo-sciences mènent à ce que j'ai appelé des cosmologies. Même si les preuves et les arguments que le pseudo-scientifique utilise ne tiennent pas, ces cosmologies sont dignes d'intérêt. Elles remplissent l'univers de mon imagination, comme les galaxies remplissent notre univers concret. Et comme ces galaxies, lointaines, je me demande si elles sont

---

65 Ce livre étant déjà dense, je propose au lecteur exigeant de réfléchir par lui-même à cet autre critère pour définir une pseudo-science : la capacité à évoluer. Les sciences officielles, reconnues, évoluent. Par exemple la biologie moderne a fait des progrès depuis Darwin. La physique a évolué, bien évidemment. Je pose donc l'hypothèse que les pseudo-sciences n'évoluent pas. Qu'elles naissent uniquement par leurs emprunts qu'elles font aux sciences officielles, et qu'elles meurent quand les sciences officielles évoluent. Au lecteur de prolonger cette réflexion.

utiles pour ma vie quotidienne. Pour mon travail au jardin. Avons-nous besoin d'une cosmologie pour vivre ?

Je crois que si nous avons une existence faite de matière, c'est *d'abord* pour agir dans un monde de matière. Je crois que nos seuls devoirs sont envers la matière (par matière j'entends la nature et les animaux) et envers les autres être humains. Le reste (philosophie, métaphysique, spiritualité) est et sera toujours du domaine du peut-être, de l'incertain, du doute. Est-ce parce que je suis un incorrigible docte ignorant que je pense ainsi ? Peut-être ferai-je un jour l'expérience de la conviction. De la certitude. De la croyance. Peut-être vivrai-je des expériences ésotériques qui m'obligeront à reconnaître que tel ou tel pseudo-scientifique dit vrai ? Lors d'une sorte d'illumination, fugace, à la fois très courte et très longue, durant laquelle on est à la fois ici et partout (c'est ainsi que souvent on relate ces expériences). Ou lors d'une expérience plus « ordinaire », telle que le cauchemar de Michel Onfray. Dans ces expériences, l'infiniment petit se relie à l'infiniment grand, le temps se dilate ou se contracte, le maintenant devient l'éternité, l'ici devient le partout ; c'est l'Union avec la Nature, avec tous les esprits humains. Avec le savoir des anciens... Ou, pour vivre une telle expérience, faut-il au préalable y croire ? Je ne sais pas ! Je garde la porte ouverte. Je ne veux pas me fixer. Si une « ultra-réalité » existe vraiment, eh bien, après ma mort je rejoindrai cette ultra-réalité, et de nouvelles questions se poseront, en accord avec les caractéristiques de cette réalité. Tout comme ici-bas sur Terre, les questions se posent d'abord en accord avec les possibilités de la matière. Ici-bas, nous sommes d'abord un corps. Et une société et un environnement autour de cette société. Pourquoi nos « aventures » de vie ici-bas seraient-elles moins dignes d'intérêt que celles que nous vivrons dans l'ultra-réalité ? C'est un reproche que je fais à certaines pseudo-sciences et à certaines formes d'ésotérisme : de laisser sous-entendre que notre vie humaine est de peu de valeur en comparaison à notre vie une fois que nous avons quitté notre enveloppe charnelle.

La science décrit notre monde avec précision, mais avec tellement de précision que le monde nous devient de plus en plus compliqué. C'est tentant, c'est rassurant, d'imaginer un autre système d'explication du monde dans lequel cette complexité n'existe pas, mais qui permet quand même d'agir dans le monde. Comme dans la cérémonie chamanique imaginée par Jean-Christophe Grangé dans son *Concile de pierre*, où les protagonistes ne sont pas des surdiplômés de prestigieuses universités. L'action est, encore et toujours, le critère décisif. Les pseudo-sciences entendent prouver qu'une autre réalité, plus grande, ou différente, existe. La meilleure preuve ne serait-elle pas de constater des effets, concrets, dans notre réalité, des prétendues lois qui régissent cette prétendue ultra-réalité ? Ainsi, certaines personnes disent pouvoir ressentir, pouvoir capter, ces lois « ultra-réelles » et observer leurs conséquences dans notre réalité. Et ce non pas uniquement lors d'expériences rares, mais quotidiennement. Ces lois de l'ultra-réalité rendent possibles des actions concrètes (médiumnité, guérisons spontanées, sorties hors du corps, etc.) qui sont comme des raccourcis à travers notre réalité. Les lois du temps, de l'espace et de la matière semblent ponctuellement tordues ou rapetissées : quand ces personnes font se déployer l'ultra-réalité dans notre réalité, des miracles ont lieu !

Y croyez-vous ? Rassurez-vous, ce n'est pas malsain d'imaginer que notre réalité ne se limite pas à ce que nous en voyons. Les scientifiques eux-mêmes se plaisent à imaginer que notre monde quotidien n'est qu'un point particulier dans l'espace-temps et dans le canevas universel de la matière et de l'énergie. Mais dans quelle mesure ces lois qui régissent l'univers régissent-elles aussi notre modeste et insignifiante réalité ? Pour prendre une image : les lois qui assurent la cohésion des argiles d'une brique ne sont pas les lois qui assurent la solidité d'un immeuble construit en briques. Ou bien : la goutte d'eau n'a pas les propriétés de l'océan dont elle est issue. Mais elle a pour elle l'individualité et la diversité des rencontres et des interactions, ce qui pourrait être interprété comme un forme de liberté par rapport à la masse indivise de l'eau océanique.

Moi je ne sais pas. Je n'ai pas de conviction. En regardant les étoiles, je me dis que c'est possible : nous ne savons pas tout de l'univers ! Et je fais aussi ce constat : que les mathématiques, bien que n'existant pas dans la nature et étant le pur produit de notre intellect et de notre organisation sociale (l'enseignement, l'école, etc.), bien qu'obéissant à des axiomes qui sont de notre invention, les mathématiques donc ont tout de même une certaine correspondance avec la réalité. Cela m'étonne ! Sur nulle pierre, sur nul arbre n'existent les entités mathématiques (chiffres, théorèmes, algorithmes, etc.), mais les relations entre les chiffres qu'elles affirment, ces relations existent aussi dans la nature. Et notre langage, donc notre pensée, partageant des similitudes avec les mathématiques, partage alors des similitudes avec la réalité. Nous parvenons à penser la réalité, du moins certains de ces aspects, de telle façon que réalité et pensée soient les deux faces d'une même pièce. Les mathématiques sont un lien direct entre nos pensées et la matière. Pourtant les mathématiques sont abstraites. Cela m'étonne ! Et qu'est-ce que cela signifie pour l'ordre du monde ? Est-ce que cette relation est une pierre angulaire de notre destinée d'êtres humains, destinée dont la trajectoire serait déjà inscrite dans l'ordre du monde ?...

Pour le temps présent, je m'astreins à agir selon les lois de notre réalité quotidienne. C'est-à-dire à agir en tant qu'humaniste : en être moral (qui ne tue pas), en être éthique (qui ne fait pas souffrir), en être qui respecte son environnement dans lequel il vit et en être qui reconnaît ne pas pouvoir s'affranchir de la question du sens de la vie. Voilà mes certitudes, voilà le noyau dur de ma vie, voilà ce qui me permet d'avancer dans ma vie et de construire son sens pierre après pierre, progressivement. Tout autour il n'y a que des questions.

ET CEUX QUI CROIENT AUX PSEUDO-SCIENCES ?

Les pseudo-sciences partagent les défauts des mauvaises politiques : elles ne savent pas prendre correctement la mesure du réel et elles ne savent pas produire des effets. Les théories pseudo-scientifiques ne permettent pas de faire des observations correctes, des prévisions fiables et des actions aux effets mesurables. Voilà mon jugement catégorique.

Mais *peut-on* être aussi catégorique ? J'affirme cela mais je n'ai qu'une approche intellectuelle des théories et des cosmologies que promeuvent les pseudo-sciences. Une personne de mon entourage affirme posséder des capacités de médium et de clairvoyance. Une autre a été soignée par un naturopathe aux théories originales. Une autre affirme avoir un talent de guérisseur. Une autre a vécu une « NDE ». Elles toutes éprouvent dans leur vie quotidienne les effets de lois dont l'échelle outrepasse notre réalité : matière à la fois matière et conscience, principe vital, vibrations et énergies. *Je ne peux que constater que ces personnes ont trouvé un sens à leur vie grâce, en partie, à ces lois que le bon sens commun et la recherche scientifique n'arrivent pas à appréhender.* N'est-ce pas la preuve, concrète, que certaines pseudo-sciences ont atteint une Vérité qui englobe notre monde tel que nous le voyons et le comprenons aujourd'hui ? Quelques vraies pseudo-sciences, parmi une bonne dizaine de pseudo-sciences erronées ? C'est plausible.

L'INSTRUMENT INTEMPOREL

Si nous pouvions faire se manifester une preuve des lois ultra-réelles, quel domaine devrions-nous choisir ? Qu'est-ce qui est le plus important ? Le domaine des sciences physiques ? Comme preuve voudrions-nous voir par exemple un matériau se transformer de façon inexplicable, et revenir de façon tout aussi inexplicable à son état normal ? Un bout de bois qui se transforme en serpent et qui redevient bois. Un smartphone qui se transforme en machine à laver puis qui revient à l'état de smartphone. La chimie ? Voir des molécules se transformer en d'autres molécules, ou voir émerger un élément qui n'existe pas dans la classification périodique ? Du plomb qui se transforme en or. La particule oméga de Star Trek. La biologie ? Voir l'émergence d'une forme de vie tout à fait originale, par exemple qui ne serait pas basée sur le carbone ? Un être vivant qui émerge d'un tas de sable par exemple. Voilà des preuves qui seraient objectives, incontestables, de l'existence de lois naturelles dont les nôtres ne seraient que des cas particuliers.

Faisons une expérience de pensée. Imaginons un habitant du Xe siècle. Cette personne est un « mystique » : elle croit que des lois universelles régissent le monde et non les lois religieuses que l'Église lui a enseignées. Que sont ces lois que le mystique imaginait et disait pouvoir capter et utiliser ? Est-ce que ce ne sont pas ... les lois actuelles de notre physique moderne ? De notre chimie, de notre biologie, de notre géologie ? Mais ce mystique pouvait-il vraiment faire se manifester, et utiliser, les lois de la génétique telle que nous la connaissons aujourd'hui ? De la biologie moléculaire ? De la physique quantique ? De la relativité générale ? De la microbiologie ? Non. Comment ce moine aurait-il pu, par exemple, démontrer à ses contemporains l'existence des gènes ? Nous-mêmes aujourd'hui, quand on n'est pas un scientifique, on ne sait qu'une théorie scientifique est vraie que grâce aux objets et aux machines qui fonctionnent en utilisant cette théorie. Par objet je comprends l'instrument du chercheur à la pointe de la technique ainsi que l'objet d'usage courant dans la vie quotidienne. Par exemple, aujourd'hui un lecteur de CD est *pour nous* la preuve quotidienne de l'existence des lois de la physique quantique, par le laser qu'il comporte et qui permet que des sons harmonieux parviennent à nos oreilles. Les satellites qui montent au ciel et y restent sont la preuve que la relativité générale est correcte. Pas d'objets, pas de lois ! Aujourd'hui il existe une théorie dite « des cordes » pour expliquer la réalité à l'échelle quantique. Mais aucun instrument n'a encore été réalisé grâce à cette théorie. Donc le monde que décrit cette théorie, pour nous, n'existe pas encore. Retournons au Xe siècle. Les teinturiers d'antan n'utilisaient pas les lois de la chimie et de la biologie moléculaire pour obtenir des pigments et les fixer. Et notre mystique qui prétendait que des « lois subtiles et universelles » régentaient les caractéristiques des pigments ne pouvait rien prouver à ses contemporains : il n'avait pas de micro-balance ni de microscope et encore moins de chromatographe à haute précision ou d'accélérateur de particule.

Revenons vite au temps présent. Adhérer aux théories ultra-réelles promues par une pseudo-science, c'est agir comme le mystique du Xe siècle de notre expérience de pensée. Me semble-t-il. Nous n'avons pas d'instruments qui mesurent et d'objets qui utilisent les lois de l'ultra-réalité.

Mais, – *car il y a toujours un mais, le docte ignorant ne ferme pas complètement les portes* –, qu'en serait-il si le mystique du Xe siècle, et nous-mêmes aujourd'hui, disposions d'un instrument qui soit valable à toutes les époques ? Avec un tel instrument, toutes les échelles de la réalité, et même l'ultra-réalité, devraient être abordables, observables, mesurables, testables. À vérité universelle instrument universel. Un instrument que nous serions en mesure d'utiliser pour prouver l'existence de l'ultra-réalité, qui serait le même instrument que notre mystique, onze siècles auparavant, aurait utilisé pour prouver l'existence des gènes ou la chimie des molécules de teinture. Quel est l'instrument intemporel ? Suspens...

Cet instrument intemporel, n'est-ce pas notre *corps* ? Le corps humain, qui depuis son apparition est régi par toutes les lois de l'univers, des plus grossières aux plus subtiles, des plus proches aux plus éloignées, des plus locales aux plus universelles. Nous obéissons aux lois de la chimie telles que mises en lumière par Mendeleïev, et ces lois valent dans notre gros orteil comme dans une galaxie éloignée de cent millions d'années-lumière. Ces lois existent depuis la création de l'univers !

Einstein a-t-il fait en lui l'expérience de la relativité générale ? Max Planck a-t-il fait en lui l'expérience de la physique quantique ? Darwin de l'évolution des espèces ? Pasteur de la microbiologie ? Ces grands découvreurs ont eu des intuitions...

Pour autant, il faut reconnaître que leur travail était avant tout d'ordre intellectuel. Ces expériences de pensée ne sauraient être qualifiées de preuves objectives que notre corps est un instrument universel et intemporel réceptif à tout l'univers. Plus objectives seraient des preuves matérielles, biologiques, en lien avec la santé notamment. Bref, des preuves médicales. *Le statut de la preuve médicale est différent de la preuve physique ou chimique. Constater qu'une personne recouvre la santé, ou maintient sa santé, sans que l'on puisse l'expliquer en utilisant les lois naturelles admises à une époque donnée, est la preuve que « notre » réalité ne se limite pas à ce que nous pouvons expliquer au jour présent. Le corps est le seul instrument à permettre cela. La preuve médicale est à la fois objective et subjective.* Une telle preuve médicale oblige à admettre « que l'on ne sait pas ». Donc à admettre que des lois existent qui outrepassent, englobent, conditionnent, ou sous-tendent, les lois que nous tenons présentement pour universelles. La preuve médicale est intemporelle. Quand la médecine conventionnelle indique la nécessité de suivre une chimiothérapie pour enrayer un cancer, mais que le cancer est mieux guéri en suivant une naturo-thérapie, sans effets secondaires (et l'on sait la gravité des effets secondaires des chimiothérapies), où est la vérité ? Les « lois » utilisées par la naturo-thérapie ne sont-elles pas plus exactes que celles utilisées pour justifier le traitement chimiothérapique ? Dans ce cas, il faut admettre la supériorité de la thérapie naturelle, et admettre que les lois qui la sous-tendent sont une réalité. Il faut admettre ces lois, même si pour le temps présent nous ne les expliquons pas et n'avons pas les moyens de les expliquer. Le matérialiste, et le docte ignorant, doivent accepter le fait. Nier la guérison par voie de naturopathie est une idiotie.

Je vais donc clore mon étude des pseudo-sciences sur l'importance de la santé, l'importance de prendre soin de notre corps. Car la santé est une clef de voûte. La santé relève de lois naturelles « supérieures », dont la médecine conventionnelle actuelle ne reconnaît qu'une partie (la médecine conventionnelle possède une part de vérité, nous voyons bien les succès de la chirurgie notamment). Cette santé « supérieure » est la clé de voûte d'un édifice regroupant l'alimentation de demain, les capacités humaines (intellectuelles, physiques et émotionnelles) de demain, l'agriculture de demain et l'écologie de demain. Cette santé supérieure est plus en harmonie avec les lois de l'univers que n'est la santé recouvrée par la médecine conventionnelle. Nous voyons bien qu'aujourd'hui les façons de s'alimenter, de cultiver et de prendre soin de notre environnement évoluent. Des succès sont atteints dans chacun de ces domaines. Pour que les effets de ces évolutions sur nos capacités intellectuelles, physiques et émotionnelles se confirment (avec des répercussions positives sur notre vie en société), il faut une médecine qui atteste et qui explique la santé en osant utiliser des lois biologiques qui outrepassent, englobent, sous-tendent les lois actuelles de la biologie enseignées dans les universités et utilisées par les médecins. Identifier et faire connaître les limites actuelles de la médecine, c'est s'assurer pour demain une société plus humaniste avec une meilleure médecine. C'est une sorte d'ultra-réalité qui se matérialise. Fermer les yeux sur les limites de la médecine conventionnelle, ne pas en parler, contraindre un peuple à cette médecine par pression idéologique, c'est s'assurer pour demain une régression sociale. C'est aussi s'assurer la prolifération de dangereuses pseudo-sciences médicales, parce que l'effort n'aura pas été fait de séparer le bon grain de l'ivraie. Être en bonne santé, aussi simple que cela paraisse, est une des réponses à la question du sens de la vie. En tous lieux et à toutes les époques.

FIN

ANNEXES

ÉSOTÉRISME

> Le dessin est une vraie aventure de l'esprit. Quand je dessine je tente de saisir l'esprit qui se trouve dans les formes qui nous entourent. C'est l'esprit qui crée les formes et, comme un miroir, les formes renvoient son image...
>
> Pour le reste, il ne voulait rien m'enseigner d'autre par les mots, il disait : « On apprend en regardant. Tout est là. Celui qui ne sait pas voir ne mérite que le monde qui lui a été dicté ».
>
> Ce qui manque, c'est la présence du mystère. Le mystère que nous ressentons dans chaque forme et que nous essayons de saisir par le dessin ... le dessin est un art qui consiste à donner forme à l'invisible ... Il n'y a pas de recette ... dessine ce que tu vois et ce que tu ressens. Affranchis-toi de ce que tu sais si tu veux éveiller ce sens caché qui permet de cerner l'invisible. Quand tu dessines, libère ton esprit des entraves du savoir. **BOUCQ et CHARYN,** *Little Tulip*, **Le Lombard, 2014**

Larousse, *Ésotérisme, ésotérique* : Qui est réservé aux initiés. Peu compréhensible par le commun des mortels. Partie des philosophies anciennes qui devait rester inconnue des non-initiés. Caractère ésotérique, obscur, de quelque chose.

Le cas Nicolas Fraisse m'a amené à revoir ma conception de l'ésotérisme, notamment à envisager qu'il y a non pas une mais plusieurs formes d'ésotérismes. Je distingue maintenant trois formes d'ésotérisme, regroupées dans deux classifications qui se recouvrent partiellement.

Ésotérisme strict fort et ésotérisme strict faible

Sylvie Dethiollaz et Claude Charles Fourrier tentent de faire passer les sorties hors du corps du statut de phénomène esotérique au statut de phénomène exotérique, c'est-à-dire accessible au premier venu, à « l'homme de la rue ». Malgré leurs efforts (création de l'institut, levée de fonds, recherche et étude des volontaires doués de la dite capacité, démonstration se voulant scientifique, interviews, livre, conférences), la sortie hors du corps – dans la mesure où ce phénomène serait authentique – demeure un phénomène ésotérique *strict* : qui est réservé aux initiés, c'est-à-dire aux personnes qui en ont fait l'expérience au moins une fois dans leur vie. Sans ce vécu, le phénomène n'est pas crédible par l'homme de la rue. D'autant plus que cette capacité ne semble pas pouvoir être acquise, apprise, transmise et enseignée. Elle est innée ; on naît avec, ou pas. C'est un ésotérisme strict *fort*.

À côté de cet ésotérisme strict fort existe un ésotérisme strict *faible* : qui est de l'ordre de l'acquis. Une expérience que tout le monde, moyennant une instruction adéquate, est en mesure de vivre. C'est le propre de toute *initiation*. Un « sachant » reconnaît chez une personne certaines qualités, certaines aptitudes, et va proposer à cette personne de vivre une expérience initiatique. Cette expérience, avec ses rites, ses lieux, ses transmissions de savoirs, va confirmer à cette personne des aptitudes dont elle n'était pas certaine. L'initiation et les instructions successives vont les lui rendre plus concrètes, plus proches, pour qu'elle puisse plus aisément les travailler, les élaborer, en faire quelque chose. Elle va lui ouvrir des possibilités qu'elle ne voyait pas avant. C'est ce que j'appelle de l'ésotérisme strict faible.

Ésotérismes de révélation, symbolique et pseudo-logique

Ésotérisme de révélation

« Untel possède un savoir unique, large, puissant, etc. Il le révèle lors de conférences, de séminaires, d'entretiens, de stages, de livres, de CD, etc., auxquels il suffit d'assister ou qu'il suffit d'acheter ».

Cet ésotérisme repose sur deux éléments : un savoir d'une grande valeur / d'une grande puissance, et la promesse de révélation de ce savoir. Quelqu'un laisse entendre qu'il sait que... Quelqu'un fait la promesse que, là, un grand savoir existe, à condition de faire ceci ou cela...

Pour acquérir ce genre de savoir, nul besoin d'initiation, nul besoin de travailler sur soi-même. Il suffit d'acheter tel ou tel livre, d'assister à telle conférence ou tel stage. Il n'y a pas nécessairement duperie ou charlatanerie avec ce genre de promesse. Par exemple, Alexandra David Neel a pratiqué cette forme d'ésotérisme, en annonçant révéler dans ses livres les rituels magiques et les secrets des sages tibétains. Notamment le secret du « tumo ». Mais les charlatans privilégient ce genre d'ésotérisme. Quand charlatanerie il y a, plus que le savoir en question qui peut être farfelu ou un totalement idiot, l'arnaque se situe dans le « il suffit de... ». Bien sûr, ce « il suffit de » ne suffit jamais, et il va falloir acheter le livre suivant, assister à la conférence suivante, au stage suivant, etc. pour acquérir le savoir magique, immense, puissant, miraculeux. La révélation est à portée de main, vous fait-on croire pour vous attraper à l'hameçon. Ensuite, elle reste toujours *presque* à portée de main. Au prochain niveau, vous saurez, on vous le promet ! Mais à chaque nouveau livre, stage, séminaire, le savoir demeure encore un peu éloigné, et à chaque fois le porte-monnaie s'allège. Le désir de savoir est entretenu mais jamais satisfait. Bref, ce genre de promesse est un attrape-nigaud et ceux qui les font sont des charlatans.

Ésotérisme symbolique

Comme toutes les autres formes d'ésotérisme, cet ésotérisme amène vers un savoir qui n'est pas évident. Mais c'est un savoir qui se construit progressivement, à force de réflexions suite à une expérience vécue. On cherche à expliquer, à rendre clair, le pourquoi, le comment, la cause, la forme, la conséquence de ce vécu. In fine en synthétisant ces réflexions, on réalise que cette synthèse est d'une forme géométrique particulière. Ou d'une forme organique particulière. Le plus couramment, nous faisons des synthèses en « arête de poisson », en triangle, en losange, en carré, en croix... Cette figure géométrique ou organique devient alors un symbole, un condensé de l'expérience, de son analyse et du savoir acquis (un vécu, une réflexion, un savoir). Par la suite, en voyant cette figure dans un autre contexte, vous repenserez à cette expérience et aux leçons que vous en aurez tirées[66]. Mais les autres personnes qui verront cette même figure n'y associeront aucune expérience et aucun savoir : le symbole est devenu savoir ésotérique. Le symbole n'évoque *que pour vous* des connaissances. « The truth is in the eye of the Beholder » – la vérité est dans l'œil de celui qui regarde, dit-on. Cet ésotérisme authentique, infalsifiable, peut se recouper avec l'ésotérisme strict, fort ou faible.

Les charlatans peuvent aussi mélanger ésotérisme de révélation, ésotérisme strict faible et ésotérisme symbolique. Par exemple en vendant des livres incompréhensibles avec la promesse qu'ils contiennent un grand savoir, mais que seuls les

---

[66] Similairement aux moyens mnémotechniques qui aident à se rappeler, je me hasarde à écrire que les symboles sont des moyens logotechniques qui aident à organiser la pensée.

« justes, dignes, clairs, éprouvés, adeptes, etc », sauront identifier. Des livres avec un savoir dissimulé pour ceux qui ne le méritent pas ! Mais une initiation, moyennant livres achetés, séminaires, entretiens, permet de devenir un juste, un éprouvé, etc. Et les symboles qui ne font pas de sens, en feront par la suite. On vous veut tellement de bien que c'en est suspect. Ne tombez pas dans ce piège. Mon livre sur l'ephexis au jardin agroécologique peut être qualifié d'ésotérique, mais il ne requiert aucune connaissance ou formation préalable. Je pars d'expériences vécues dans mon jardin, dont je donne l'interprétation, qui est parfois subtile et d'ordre spirituel. C'est un ésotérisme *construit* accessible à tout le monde.

Ésotérisme pseudo-logique

C'est un oxymore. Sous couvert de méthode, de technique, d'instruments, de théorie, de logique, de science, on affirme que ceci ou cela est vrai, que ceci ou cela existe. C'est le cas de la pseudo-physique quantique ou le cas Fraisse, que je veux ici considérer non plus à partir de la science mais à partir de l'ésotérisme.

La posture scientifique revendiquée par Dethiollaz et Fourrier semble suffire à faire passer de l'ésotérisme à l'exotérisme. Si un phénomène s'étudie avec méthode, alors de facto on est moins tenté de penser qu'on a affaire à de l'ésotérisme, car la science, la logique, l'objectivité peuvent être appréhendées par l'homme de la rue. Science, technique, méthode, logique sont par définition ouvertes à tous, quand l'ésotérisme ne s'ouvre qu'à de petits groupes, qu'aux initiés. Certes, on pressent que quelque chose d'obscur demeure malgré la revendication d'objectivité. Mais on nous dit qu'on veut, justement, étudier cet obscur avec méthode, avec objectivité. La présence de la science, de la méthode, de la technique, de l'instrument, du dispositif, nous est rassurante.

À défaut de parvenir à prouver le phénomène en question, l'homme de la rue concédera que s'interroger à ce sujet, certes obscur, est légitime. « Pourquoi pas ? Mieux vaut chercher, tester, essayer, que rester dans la pure spéculation, dans l'abstrait ». Même si la méthode n'est pas exacte, est erronée, est partielle, il y a volonté de décrire et d'expliquer. Rupert Sheldrake par exemple insiste pour tester ses théories des champs morphiques.

Avec ce genre d'ésotérisme, la forme (scientifique) peut faire oublier le fond (dont l'existence n'est pas prouvée et/ou pas sérieuse). Le charlatan utilise la respectabilité de la science, le doute légitime, le droit à la curiosité, pour vous convaincre que sa promesse de savoir universel, et de puissance universelle, est sérieuse. D'ailleurs, il faut bien la démarche scientifique pour prétendre prouver l'universalité d'un savoir... Paf ! Vous venez de tomber dans le panneau !

Bref, de nombreuses pseudo-sciences sont en fait des ésotérismes déguisés. Leur point de départ est l'ésotérisme et non la science. On pourrait les appeler des « pseudo-ésotérismes ».

Il convient alors de se poser la question suivante en contrepoint : la science officielle, reconnue, des universités et des organismes nationaux de recherche, aboutit-elle, parfois, à un savoir ésotérique ? C'est la croyance moderne au retour de la science vers le savoir atemporel des anciens. Non, c'est impossible : le savoir scientifique est, dans sa construction, nécessairement ouvert à tous et à toutes : à tous les chercheurs de par le globe, à tous les peuples. Le savoir scientifique ne peut justifier aucune cosmologie, aucune croyance, aucune métaphysique, aucune idée ésotérique. *Sauf quand* certains savoirs théoriques et techniques demeurent dans des cercles restreints : industrie et armée par exemple. Ce savoir sert des volontés de puissance universelle, volontés qui restent cachées sous le sceau des secrets officiels (secret d'État, secret défense, secret industriel). Armée, industrie : des savoirs réels mais cachés. Ésotérisme : des savoirs cachés mais pas toujours réels. La science secrète, comme la science idéologique holiste (le scientisme), légitiment les pseudo-sciences. Nous acceptons de bon cœur la science ouverte, mais nous avons peur à juste titre, par réflexe, de la science cachée, qu'elle soit concrètement fondée ou non. Quand savoir, secret et volonté de puissance sont réunis, il n'en sort jamais rien de bon – les charlatans ne sont pas toujours ceux qu'on croit. Le meilleur charlatan, le meilleur manipulateur, est celui qui reste toujours caché. La science cachée des armées et des industries crée des monstres ; l'humanité devra un jour interdire ce genre de science.

LES DÉRIVES SECTAIRES

Une pseudo-science est-elle l'anti-chambre d'une secte ? J'ai expliqué que certaines pseudo-sciences contiennent un noyau de spiritualité recouvert d'une enveloppe à l'apparence de science. Si la science est dévoyée par le pseudo-scientifique, il est probable que la spiritualité invoquée par lui soit aussi dévoyée. Ce serait une pseudo-spiritualité, à laquelle veut nous amener cette personne via les arguments, les théories et les instruments pseudo-scientifiques.

La spiritualité est un chemin de recherche et de réalisation du sens de la vie. Il existe de nombreux chemins de spiritualité. Une spiritualité dévoyée est comme une science dévoyée : l'issue du chemin semble être un accomplissement du sens de la vie, comme une pseudo-science semble mener au savoir objectif et prouvé. Mais le chemin ne va pas nous mener là où on s'attend : expérimentations mal conçues, résultats inconclusifs et inefficacité pour la pseudo-science, et idéologie de bazar et soumission au bout du chemin spirituel dévoyé. Dans le meilleur des cas cette idéologie est inoffensive. Par exemple, le pseudo-physicien quantique nous a « enseigné » que la matière n'est pas que pure matière mais aussi esprit, conscience, pour moitié. Bon, ça ne mange pas de pain, pourquoi pas ? Mais dans le pire des cas, la pseudo-science mène à une pseudo-spiritualité qui est secte : les « sciences » du créationnisme et de « l'intelligent design » mènent à la secte des « born again christians » évangélistes. Ce sont des gens qui croient que la bible est vérité inébranlable et universelle et qui suivent à la lettre ses contenus, au point de renier toutes les connaissances biologiques modernes (car elles sont basées, toutes, sur la théorie de l'évolution, qui contredit la création du monde en sept jours par Dieu). Au point même de créer un musée de la science créationniste, où les dinosaures côtoient *Homo sapiens* ! Autre exemple : la secte de scientologie. Pour convaincre, elle use d'une pseudo-science basée sur la mesure des énergies de la personne. Elle utilise même un instrument de mesure de ces énergies – qui n'est en fait qu'un potentiomètre. Son appellation même laisse croire qu'il s'agit d'une science.

Chacun de nous a le droit de s'intéresser à des phénomènes, à des théories, à des instruments, que la science académique n'étudie pas ou considère ne pas relever de la science. Tout le monde a le droit de s'intéresser à la géobiologie par exemple, pour connaître ses principes et ses applications. C'est une curiosité légitime. La géobiologie, sous couverts de faits et de théories prouvées, prétend apporter des réponses à la question du sens de la vie. Au pourquoi du bien-être et au pourquoi du mal-être notamment. Mais il ne faut pas tomber, par inadvertance, dans les griffes d'une secte qui attire les curieux en se revêtant de la respectabilité scientifique – en se *revêtant* seulement.

Qu'est-ce qui indique la présence d'une dérive sectaire en arrière-plan d'une pseudo-science ? Si vous avez des doutes, je vous invite à vous renseigner auprès de la MIVILUDES –

mission interministérielle de vigilance et de lutte contre les dérives sectaires. Je remercie madame Josso, secrétaire générale de la MIVILUDES, pour ses remarques, notamment qu'on ne parle plus de secte parce qu'elles n'ont aucune définition en droit alors que la dérive de nature sectaire apparaît dans l'art. 223-15-2 du code pénal sur l'abus de faiblesse, et que l'image que l'on a de la secte (toge ou tenue étrange, langage ésotérique...) héritée des années 70-80 ne correspond pas à beaucoup de mouvements (une telle apparence vestimentaire est devenue anecdotique).

Je vous propose ici quelques recommandations personnelles, approuvées par madame Josso. Des signes de dérive sectaire peuvent transparaître lors de l'exposé pseudo-scientifique, lors d'une conférence, d'un stage ou dans un livre, à trois niveaux.

- *Niveau de l'intellect.* Votre autonomie de pensée et votre libre-arbitre vont être déconstruits. On vous amène, en vous montrant tous les avantages que cela peut procurer, à suivre telle ou telle idéologie ou telle ou telle façon de penser. On insiste sur la facilité : on vous montre que, concernant telle ou telle chose il n'est ni utile ni nécessaire de réfléchir. Il *suffit* d'appliquer telle ou telle méthode de pensée et / ou d'observation. On vous montre que tout ce que vous savez déjà s'inscrit *en fait* dans la pensée et les écrits d'untel. Untel (le maître, le gourou) est déjà passé par là, il suffit de suivre son chemin. On vous fait parler et on vous écoute pour cerner vers quoi vos réflexions tendent, ce qui sert à repérer les zones d'ombre ou d'inconnu dans vos pensées. Puis on vous questionne sur ces zones : il s'avère que, comme par hasard, untel (le maître, le gourou) étudie aussi ces thèmes-là. Venez l'écouter, il répondra à vos besoins.

- *Niveau de l'émotionnel.* Même processus de déconstruction : on va substituer, remplacer, vos émotions, vos sentiments, votre humeur. On vous dit que telle émotion que vous avez vécue ne porte pas tout à fait ce nom-là. Que cette émotion n'appartient pas à la catégorie d'émotions à laquelle vous pensiez, mais à une autre catégorie. Qu'elle n'a pas vraiment la cause que vous lui attribuiez, ni les conséquences que vous pensiez. « Connaissez-vous telle émotion XYZ ? Cette émotion vous est inconnue, mais c'est ce que vous avez vécu en plus clair, en plus, en plus authentique. Venez avec nous, au stage, atelier, séminaire, etc. vous familiariser avec ce ressenti ».
- *Niveau du comportement.* On va, une fois vos pensées et vos émotions modifiées, vous enjoindre de ne plus dire ceci, de ne plus faire cela, mais de dire ça et de faire ça. Votre comportement sera soumis : on attend de vous un certain comportement (pensez aux invitations incessantes du conférencier pseudo-physicien à poser des questions). Vous voilà devenu un adepte. Mais ce terme n'est pas approprié parce qu'il laisse penser qu'il s'agit d'une adhésion volontaire. Or vous êtes devenu, à ce stade, un zombie qui a perdu son autonomie de pensée et même d'action.

Ces trois niveaux sont ceux ... sur lesquels toute forme d'éducation et d'instruction agit ! Chacun de nous évolue au cours de la vie, et cette évolution se fait par des modifications à chacun de ces trois niveaux. Ces modifications sont consenties quand on est à l'école puis à l'université, et volontaires quand on est autodidacte et adulte responsable et autonome.

Côtoyant une pseudo-science inoffensive, une pseudo-science moyennement dangereuse (incitation à dépenser votre argent et votre de temps dans des livres, des séminaires et des stages) ou une secte abritée derrière une pseudo-science, la difficulté est de savoir à partir de quel moment l'interlocuteur déconstruit *trop* de notre libre-arbitre, de notre autonomie de pensée et de nos émotions. C'est ce moment-là qu'il faut reconnaître, et il faut alors dire stop ! Puis on peut continuer à écouter et partir sans dire un mot à la fin de la séance, ou se lever et exposer ses craintes et son refus d'adhérer aux idées présentées. Il faut exiger des faits, des preuves tangibles, demander à voir le matériel, l'expérimentation, demander quelles autres équipes de chercheur ont validé les résultats, dans quelle université les résultats sont-ils enseignés.

Vous qui me lisez êtes, comme moi, doués de la volonté de savoir comment, de savoir les tenants et les aboutissants. Vous savez qu'il ne faut pas croire sur parole, vous savez qu'il existe des charlatans. Hélas, vous et moi savons que bien des gens se font rouler dans la farine par des publicités, par des annonces, par des vendeurs, même quand la ficelle est énorme. Donc face à des arguments qui revêtent l'autorité de la logique et de la science, face à des discours qui empruntent les mêmes voies que l'éducation officielle, bien des personnes se font avoir par les pseudo-scientifiques.

C'est une chose de remarquer le moment à partir duquel on nous invite à restreindre notre autonomie sur les trois niveaux de l'intellect, de l'émotion et du comportement. Mais si on nous laisse entendre que nous avons à y gagner ? Que l'abandon volontaire de nos habitudes de penser et d'agir est en fait une libération, et que cette libération va nous permettre d'accéder à des réponses, à des savoirs, que l'Homme moderne, intriqué dans la société de consommation, ne peut pas atteindre ni même soupçonner. C'est la rhétorique de Krishnamurti par exemple. Ou même du bouddhisme. Ce genre de rhétorique rend réceptif à la nouveauté. Mais pas qu'à la nouveauté bienfaisante, hélas ! Pensez à cette phrase de Nietzsche : le mal perdure et perdurera toujours, car il prend le masque de la vertu. Si un charlatan dangereux ou une secte sont à l'œuvre, ils feront tout pour cacher leurs intentions réelles à votre égard. Ils les cacheront sous des couches multiples de verbiage, de sophismes, d'arguments *semblant* rationnels. Ils utiliseront cette rhétorique libératrice. C'est donc encore une difficulté que celle de parvenir à estimer les intentions réelles du pseudo-scientifique. Essayez donc de repérer cette borne : quand la théorie avancée par le pseudo-scientifique prétend pouvoir expliquer tout l'univers matériel, tout le monde, toute la vie biologique et sociale, et que pour mettre en pratique cette théorie dans votre vie et en récolter les bienfaits, il vous faut abandonner tout ce que vous savez. Méfiez-vous ! Le monde n'est pas simple, il n'y a jamais qu'une seule force à l'œuvre. La panacée n'existe pas. Mais certains gourous vont jusqu'à vous laisser penser que pour accéder à une vérité suprême, il faut payer un prix suprême. Cette logique débile convainc hélas bien des gens.

La pensée sectaire n'est pas basée uniquement sur une pseudo-spiritualité. Il existe des dérives sectaires qui conforment les gens aux trois niveaux présentés plus haut, en économie, en politique, en agriculture et dans le domaine de la santé notamment. Méthodes et effets sont similaires, mais de forme différente. La personne qui succombe à une mode (vestimentaire, technologique, alimentaire) peut succomber au discours d'une secte[67]. La question du sens de la vie vous intéresse ? Alors efforcez-vous d'acquérir votre *autonomie de pensée, votre libre-arbitre et vos propres interprétations de vos émotions.*

MÉDITATION ET SORTIE HORS DU CORPS

Les propos qui suivent, à propos de l'expérience méditative qui est nécessairement subjective, ne pourront être bien com-

---
67 Cf. mon texte *L'art de réfléchir par soi-même* dans NAGESI.

pris que des personnes familières de la méditation. De la même façon que les propos d'un mélomane sur l'enchaînement et les transformations des émotions ne peuvent être réellement compris que par d'autres mélomanes. De plus, ici les mots restent en retrait de la réalité ; ils dévoilent leur insuffisance. Je ne peux qu'amener le lecteur à la frontière du langage. Après la frontière, un chemin existe, j'en suis certain, mais je ne peux pas le décrire. Pensons aussi loin que possible, mais acceptons cette limitation inhérente à notre nature humaine !

Aspects « techniques » de la méditation

Je ne suis ni un maître ni un débutant, mais je pense pouvoir dire que j'ai une certaine expérience de la méditation. Sur la base de cette expérience, je dis qu'il est possible, au cours de certaines méditations, de vivre un état de conscience particulier qui *pourrait* être décrit avec les termes de Nicolas Fraisse.

Il faut d'abord savoir qu'il existe différentes formes de méditation. Lorsqu'on débute, on démarre par des méditations du « lâcher-prise », du « laisser-aller » des pensées ou des désirs, du « ici et maintenant ». Laisser les pensées passer, comme les nuages passent dans le ciel... Ce sont de bonnes méditations, aux effets positifs indéniables sur la concentration, sur la confiance en soi, sur l'ouverture d'esprit, sur la sensibilité. Les maîtres en méditation continuent à les pratiquer parce qu'elles sont fondamentales. Par là suite, après quelques années, la curiosité amène à essayer d'atteindre d'autres objectifs de méditation. Cette affirmation peut vous sembler paradoxale, car on vous aura enseigné que la méditation est justement, par définition, une sorte de regard intérieur débarrassé de toute forme d'objectif. Que méditer est, par définition, l'abandon de toute velléité, de tout désir (le désir est un des trois « poisons » du bouddhisme. On ne médite pas dans l'espoir d'acquérir telle ou telle capacité, vous a-t-on enseigné. Selon moi, ce n'est pas aussi simple : la volonté fait partie de notre nature humaine ; il faut donc apprendre à cultiver autant la « non-volonté » que la volonté. Il faut que nous nous confrontions à nos propres désirs. Ne nous voilons pas la face, la méditation est *à la fois* une fin en soi et un moyen (des moyens plus précisément).

On peut se fixer comme objectif de méditation d'atteindre tel ou tel état de conscience. Car il existe un grand nombre d'états de conscience autres que ceux auxquels amènent les méditations fondamentales présentées plus haut. Par exemple faire l'expérience d'une joie de vivre illimitée, la dissolution de l'espace et du temps, la concentration énergétique... Ici je vais considérer une certaine méditation, à laquelle je ne saurai donner de nom. Mais les lecteurs bouddhistes la reconnaîtront peut-être dans la terminologie bouddhiste.

Lors de cette méditation, il est possible de prendre conscience de ce que j'appelle notre « image intérieure ». C'est l'image que nous nous faisons de la *géométrie* de notre corps. En phase d'éveil, nous avons tous conscience de la position de nos jambes, en dessous du torse, de notre bras droit et de notre bras gauche, de nos yeux, et au-dessus des yeux notre front, etc. Nous avons une carte de notre corps avec les positions respectives de chacune des parties du corps. Cette méditation amène à se concentrer sur une autre géométrie de notre corps : lors de la méditation on va imaginer ressentir que bras droit et bras gauche sont inversés ou que nos pieds sont au-dessus du torse, lui-même au-dessus du cou. Ou que dos et ventre sont inversés. Il suffit pour cela, étant dans une position allongée, de s'imaginer « collé au plafond » ou debout ou assis en tailleur. Il s'agit d'abord d'imaginer, puis de ressentir.

En phase de veille, nous n'avons pas conscience de notre image intérieure parce qu'elle nous est tout à fait évidente. On n'y pense, on bouge notre corps tout simplement. Mais dans cet état méditatif, on parvient à prendre conscience de notre « géométrie intérieure ». On prend conscience que cette géométrie est une « strate » de nous-mêmes, située entre la strate des cinq sens et la strate de l'interprétation intellectuelle. Plus on médite, plus on prend conscience de cette strate. Et plus on médite, plus on prend conscience qu'on peut modifier cette strate.

Cette prise de conscience implique nécessairement un certain détachement vis-à-vis du corps. Cette méditation requiert une grande concentration et le « laisser aller » de l'intellect. On va pouvoir ressentir, par exemple, que notre corps est tourné vers la terre alors qu'il est, concrètement, tourné vers le ciel. Position concrète et image intérieure sont dissociées et dissemblables.

À ce moment-là, vivons-nous seulement une illusion ? Une sensation mais qui ne serait pas une réalité ? S'induirait-on dans une illusion d'optique de notre sens intérieur de géométrie corporelle ? Ferions-nous l'expérience d'un dysfonctionnement sensoriel, que nous aurions induit ? Est-ce que ce qu'on ressent est la preuve que l'image intérieur existe vraiment ? Est-ce parce que nous ressentons que nous sommes plus dans le concret que dans l'imagination ? Pour moi, ces questions demeurent ouvertes.

Surtout, ces questions demeurent. Je ne peux pas les jeter, parce que cette méditation peut évoluer vers une autre « étape ». Cette étape serait l'abandon de notre image intérieure. En état de veille, la géométrie de notre corps est pour une nous une évidence indiscutable. C'est une partie intégrante de notre vie. Cette méditation est donc un exercice : peut-on vivre sans recourir d'aucune façon à notre image intérieure ? Vivre, l'espace d'un instant, sans conscience de la géométrie de notre corps. Donc *sans conscience de notre corps* ?

C'est une expérience méditative qui peut légitimement faire peur. D'autant que Fraisse relate des cas de retours « difficiles » dans le corps (image intérieure qui ne se reconstitue plus ou qui ne se superpose plus exactement sur le corps réel). Notez que ce sont là mes propres termes ! Fraisse en utilise d'autres pour ses descriptions.

Une fois l'image intérieure abandonnée, une autre étape est possible. C'est une suite logique. Abandonner la conscience de notre corps, est-ce à abandonner notre corps ? En sortir ? Après des instants vécus sans conscience de notre corps, pourrions-nous déplacer librement notre esprit. Le déplacer hors de « nous », dans l'espace environnant (la chambre de méditation pour commencer). Plus de corps : donc esprit sans attache. Libre.

L'expression de « sortie hors du corps » n'implique-t-elle pas l'abandon de la conscience du corps (ne plus avoir conscience de son corps) ? Je pense que oui.

Attention : à mon modeste niveau, je ne veux pas affirmer que l'esprit peut exister *sans* le corps. Plus de conscience du corps ne signifie pas nécessairement absence du corps.

Foi, croyance, intuition

La posture matérialiste se résume souvent à affirmer que la foi, la croyance et l'intuition ne sont ni plus ni moins que des imaginations. Vous croyez en Dieu ? Vous imaginez qu'il existe. Vous avez la foi ? Vous imaginez que le monde est réglé selon un ordre qui est favorable à l'être humain (ou à la vie). Vous avez de l'intuition ? Vous imaginez que vous êtes sensibles malgré vous à cet ordre du monde.

La posture matérialiste existe. Nous vivons dans un monde de matière et il est légitime de penser en termes binaires tels que « soit il y a de la matière, soit il n'y a rien ». La pensée, par exemple, est matière : interactions de molécules et de charges électriques.

Relativisons cette posture. Considérons l'argent, cet argent qui régit notre économie. Voilà bien une « chose » qui n'a aucune existence matérielle. Le support matériel de l'argent (or, métal, papier rare, coquillage...) est sans importance, seuls les chiffres comptent. Les chiffres sont la *valeur*. Et la valeur est « quelque chose » de totalement immatériel. Un quelque chose immatériel mais qui régit toute notre vie sur Terre. Voilà qui pose une sérieuse limite à la posture matérialiste !

Considérons maintenant cet état méditatif décrit plus haut, dans lequel nous abandonnons toute conscience de notre corps. Donc toute conscience de la matière. Vous méditez, vous vous concentrez, et hop ! Vous voilà arrivé dans cet état, vous êtes un pur esprit, libre. Mais en l'absence de matière, nous en tant qu'être humains nous ne pouvons que perdre tous nos repères ! Vous êtes un pur esprit, vous voulez vous reposer un peu après votre arrivée dans ce nouveau monde sans matière (l'ultra-réalité comme je l'ai appelée). Et pour vous reposer, vous aimeriez bien vous asseoir un instant. Manque de bol, il n'y a pas de chaise là-bas. Et vous n'avez pas de postérieur à poser ! Vous avez aussi mis votre intellect de côté. Donc vous n'avez plus, non plus, aucun repère de pensée.

Dans ces conditions-là (dans cette réalité-là), sans matière, sans cadre intellectuel, que sont la croyance, la foi, l'intuition ? Des imaginations, encore et toujours. Mais elles sont *tout* ce que vous pouvez avoir ! De la même façon que lorsque vous rentrez dans une pièce obscure, la lumière de votre bougie sera *tout* ce qui vous permet de voir. Dans cet autre réalité, seules la foi, la croyance et l'intuition vous permettent de voir. Sans foi, sans croyance, sans intuition, vous ne voyez rien. Vous ne pouvez même pas entrer en contact avec cette « réalité » aphysique et alogique.

Moi qui suis, au fond, un matérialiste, je pense que croyance, foi et raison sont justifiées à partir de cette frontière. Au-delà de cette frontière, je suis persuadé qu'il est possible de continuer à avancer, mais matière et rationalisme ne font plus sens. Peut-être ! Je ne sais pas, je spécule !

Et pour finir, je reviens aux textes énigmatiques et poétiques relatés par Nicolas Fraisse. Il expliquait qu'un « guide » les lui transmettait, car en tant qu'être humain Fraisse ne pouvait pas « s'exprimer » dans l'ultra-réalité. Ces textes sont peut-être sortis tout droit de l'imagination de Fraisse, c'est possible. Je maintiens que Fraisse imagine. Mais dans cette ultra-réalité, l'imagination est peut-être tout ce dont il peut disposer.

Offensive transhumaniste

Cette spéculation à la frontière de la vie et du langage n'est ni totalement cohérente ni totalement complète, je le sais. C'est un essai de réflexion sur notre nature intime, telle que « mère Nature » nous a créés. Quelle est notre profondeur d'existence ? Quelles sont nos limites ? Je sais que cette réflexion ferait bien rire les matérialistes stricts. Eux préfèrent réfléchir sur comment nous « dénaturer », sur comment changer notre matière, car nous ne sommes que matière. Le transhumanisme est à la mode. Il faut augmenter la matière humaine ! Ses promoteurs comme ses détracteurs en parlent à cœur joie, pendant que les techniques sont de plus en plus raffinées par des scientifiques qui s'en fichent de toutes ces discussions sur le sens de la vie ! Eux veulent créer un homme, donc un homme *déterminé*. Déterminé par les techniques. La création implique la détermination. Nous, vous et moi, cher lecteur, qui sommes en quête du sens de la vie, nous cherchons au contraire notre liberté. Nul doute que face aux délires du transhumanisme, face aux délires des destructeurs de notre environnement, face aux propagandes de toutes sortes qui les accompagnent, des gens s'engagent dans une voie de maximisation de la sagesse. En même temps que s'élèvent les voix des scientifiques idiots, des industriels idiots, des politiciens idiots, des journalistes idiots à des hauteurs jamais atteintes, des sagesses silencieuses, fondamentales et globales reviennent au premier plan dans tous les domaines de la société. La question du sens de la vie retrouve droit de cité, en agriculture par exemple. Les matérialistes n'ont pas le monopole de la sagesse et de la raison !

SITE INTERNET DE L'INSTITUT ISSNOE

Extraits du site à la date du 17 juillet 2017, que je soumets à votre jugement.

La Noétique

Le mot « noétique » vient du grec ancien « Noêsis » qui signifie « l'acte d'intelligence par lequel on pense ». Il concerne ce qui est du domaine de la pensée et de l'esprit, mais dans le sens spirituel du terme. Le domaine des sciences noétiques inclut la connaissance au sens d'une quête alliant recherche scientifique et démarche spirituelle pour approcher les mystères de la vie et de l'Univers. L'énigme de la Conscience est donc l'une de ses préoccupations majeures, tout comme l'étude des états modifiés de conscience (EMC) dits non-ordinaires.

À l'heure actuelle, il n'existe pas d'explication scientifique valable pour des phénomènes comme les NDE, ou d'ailleurs tout autre EMC non-ordinaires, et encore moins pour la Conscience.

En suggérant le caractère non local de celle-ci – c'est-à-dire que la conscience ne semble pas « liée » à certains points de l'espace-temps (cerveau et temps présent) – les perceptions extrasensorielles, ainsi que le témoignage d'un grand nombre d'expérienceurs constituent un grain de sable dans la mécanique matérialiste qui ne voit dans la conscience qu'une propriété qui a émergé à partir d'un certain niveau de complexité dans l'organisation et le fonctionnement du système nerveux central.

La démarche actuelle des neurosciences qui consiste à visualiser les régions du cerveau activées est une démarche certes nécessaire, mais insuffisante. Aujourd'hui, l'activité du cerveau peut être mesurée précisément, mais ces mesures appartiennent au domaine matériel. On mesure un phénomène physique concret associé à un phénomène abstrait. L'activité mesurée n'est pas la conscience qui, elle, demeure non mesurable, non quantifiable. L'identification des processus cérébraux ne nous renseigne pas sur le vécu intime d'une personne et ne nous dit rien de la Conscience. Du point de vue de la science, l'énigme de la conscience demeure entière. Pour la déchiffrer, l'étude des EMC non-ordinaires constitue une voie essentielle.

« Il faut bien avouer qu'il n'y a rien dans la physique et la chimie qui ait un rapport, même éloigné, avec la conscience »...

Niels Bohr, Prix Nobel de physique

À propos de nous

L'Institut Suisse des Sciences Noétiques (ISSNOE) est né de la fusion entre l'Association Noêsis (créée en 1999 par Sylvie Dethiollaz) et la Fondation Odier de psycho-physique (créée en 1992 par Marcel et Monique Odier et ayant compté parmi ses membres des scientifiques aussi réputés que le biologiste Rémy Chauvin ou encore le physicien Olivier Costa de Beauregard).

ISSNOE a pour but l'étude de la Conscience à travers les états modifiés de conscience dits non-ordinaires et l'encouragement d'une recherche pluridisciplinaire à leur sujet, ainsi que l'étude méthodique et scientifique des relations entre l'esprit et la matière, entre la psychologie et la physique.

Pour parvenir à ses fins, ISSNOE :

- Fournit des prestations d'assistance aux personnes ayant vécu une expérience en lien avec un état modifié de conscience « non-ordinaire », ainsi qu'à leur entourage (accueil, écoute, conseils, informations, rencontres avec d'autres témoins, soutien psychologique et psychothérapeutique).
- Développe un programme de recherche scientifique visant à mieux comprendre ces phénomènes, en prenant en compte leurs composantes psychologiques et spirituelles.
- Diffuse une information objective sur les états modifiés de conscience non-ordinaire auprès du grand public, auprès du monde scientifique et auprès des professionnels et organismes œuvrant dans le domaine de la santé en général et des soins palliatifs en particulier.
- Promeut une approche différente de la mort et de la fin de vie qui tient compte de la dimension transpersonnelle de l'être humain et de la possibilité de vivre des états modifiés de conscience dans les derniers instants de la vie.

ISSNOE est un lieu unique en Suisse, et même au monde, qui regroupe des professionnels ayant développé au cours du temps une très grande expertise dans le domaine des états modifiés de conscience non-ordinaires.

Conseil de Fondation :
Sylvie Dethiollaz, docteur en biologie moléculaire, Présidente.
- Louis Nahum, docteur en psychologie, Vice-président.
- Dr Claudia Mazzocato, PD, MER, soins palliatifs (CHUV).

Directrice de l'Institut :
- Sylvie Dethiollaz, docteur en biologie moléculaire

Responsable accueil et suivis thérapeutiques & Collaborateur de recherche :
- Claude Charles Fourrier

Collaborateur de recherche
- Nicolas Fraisse

Responsable audiovisuel pour ISSNOE Diffusion SA :
- Alban Kakulya

Intervenants stages d'expression émotionnelle :

- Françoise Dan, praticienne agréé ISSNOE
- Daniel Turcan, praticien agréé ISSNOE

Notre programme de recherche

L'Institut Suisse des Sciences Noétiques a pour objectif d'étudier la Conscience à travers les EMC non-ordinaires en prenant en compte les aspects scientifiques, psychologiques et spirituels.

Actuellement, nos différents projets de recherche sont en lien avec :

- l'étude phénoménologique comparative des différentes catégories d'EMC non-ordinaires.
- la détermination de l'importance de leur composante psycho-socio-culturelle.
- la mise en évidence d'éventuels mécanismes neurophysiologiques sous-jacents.
- la vérification de la réalité de différents types de phénomènes en lien avec des EMC non-ordinaires qui ne semblent pas pouvoir être expliqués avec les concepts théoriques actuels et qui offrent une possibilité d'étude « objective », tel que le phénomène de décorporation (OBE).

Nous recherchons des candidats :

Une preuve scientifique implique non seulement une démonstration d'un phénomène dans des conditions rigoureusement contrôlées mais aussi la reproductibilité de celui-ci. C'est pourquoi nous avons continuellement besoin de nouveaux candidats pour nos recherches. Si vous vivez régulièrement des OBE (de manière spontanée ou grâce à la pratique d'une technique) ou tout autre phénomène en lien avec un état modifié de la conscience qui peut être attesté par un observateur extérieur et si participer à une étude scientifique vous intéresse, n'hésitez pas à nous contacter.

Les Etats Modifiés de Conscience « non-ordinaires ».

Parler d'états modifiés de conscience (EMC) est ambiguë. Modifiés par rapport à quoi ? Existe-t-il un état de la conscience qui ne soit pas modifié ? Où est la frontière ? Quelle est la norme ? Qui peut se prévaloir d'être dans un état non-modifié ?

En fait, chacun d'entre nous vit inconsciemment un certain nombre d'états de conscience chaque jour et il est difficile de dire lorsqu'on est dans un état non-modifié, car tous ces états ne cessent de se succéder : en réalité, notre conscience est en mouvement perpétuel.

Dans ce continuum, il existe des EMC tout à fait banals, comme par exemple être dans la lune, dormir ou encore rêver. Puis viennent des EMC un peu moins courants, mais encore largement répandus, tels que l'intuition, le rêve lucide, les états méditatifs ou hypnotiques et même certaines maladies mentales.

Finalement, on parle d'EMC « non-ordinaires » pour qualifier certains états relativement peu courants et très « spectaculaires ». On peut classer ces derniers selon des catégories, mais certaines expériences demeurent inclassables, dans la mesure où les phénomènes décrits présentent des caractéristiques appartenant à plusieurs catégories à la fois.

Au-delà de leur apparente diversité, ces expériences présentent des similitudes troublantes. Transcendant l'espace, le temps et parfois même l'ego, toutes suggèrent une réalité plus « vaste ». Un autre de leurs points communs est leur aspect « spirituel », soit en tant que composante de l'expérience, soit en tant « qu'ouverture » de la personne consécutivement à celle-ci.

Les EMC non-ordinaires peuvent survenir de différentes façons: parfois spontanément ou au contraire grâce à la pratique de techniques (relaxation, méditation, hyperventilation, auto-hypnose etc.), ils peuvent aussi être provoqués par un choc émotionnel, voire un traumatisme physique ou psychique, ou encore la prise de produits (alcool, médicaments, drogues).

De toute évidence, moins l'EMC vécu est banal, plus l'événement peut être déroutant, voire perturbant et même, dans certains cas, traumatisant (voir Conséquences d'un EMC)

Voici quelques catégories d'EMC non-ordinaires :

- les NDE
- les OBE

- les réveils de Kundalini et autres phénomènes énergétiques
- les expériences à consonance chamanique
- les expériences de relativité temporelle
- les apparitions
- les expériences inclassables

Il existe une autre catégorie importante d'expériences extraordinaires en lien avec la Conscience, mais qui doivent être distinguées des EMC non-ordinaires :

- l'expérience transcendantale

BIBLIOGRAPHIE

Paul BEDEL, *Nos vaches sont jolies parce qu'elles mangent des fleurs*, Albin Michel, 2017

Henri BROCH, *Gourous, sorciers et savants*, Odile Jacob, 2006

Sylvie DETHIOLLAZ, Claude Charles FOURRIER, *Voyage aux confins de la conscience. Le cas Nicolas Fraisse*. Guy Trédaniel, 2016

Jean DUBESSY, Guillaume LECOINTRE, Marc SILBERSTEIN, *Les matérialismes (et leurs détracteurs)*, Syllepse, 2000

BOUCQ et CHARYN, *Little Tulip*, Le Lombard, 2014

Masanobu FUKUOKA, *La révolution d'un seul brin de paille*, Guy Trédaniel, 2009

Stephen Jay GOULD, *Et Dieu dit : « Que Darwin soit »*, Seuil, 2013.

VERGEZ et HUISMAN, *Court traité de philosophie, Logique*, Fernand Nathan, 1959

Louis PAUWELS, Jacques BERGIER, *Le matin des magiciens*, Gallimard, 1960

Gilbert SINOUÉ, *Le petit livre des grandes coïncidences*, Télémaque, 2015

Alain SOKAL, Jean BRICMONT, *Impostures intellectuelles*, Odile Jacob, 1997

Le lecteur désireux d'en savoir plus sur les usurpations de la science se reportera avec profit à la revue de l'association française pour l'information scientifique (AFIS), en gardant à l'esprit que cette association opte parfois pour des solutions techniques quand, selon moi, des solutions d'ordre social seraient plus adéquates.

© 2018, Sorel, Benoît R.
Edition : Books on Demand,
12/14 rond-Point des Champs-Elysées, 75008 Paris
Impression : BoD - Books on Demand, Norderstedt, Allemagne
ISBN : 9782322086269
Dépôt légal : février 2018